최신개정

신공략 중국어 ❹

다락원

최신개정 **신공략 중국어** 시리즈 이렇게 바뀌었어요!

구판			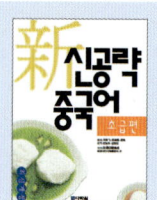				
	新신공략 중국어 기초편 1~10과	新신공략 중국어 기초편 11~15과 + 초급편 1~5과	新신공략 중국어 초급편 6~15과	新신공략 중국어 실력향상편 上	新신공략 중국어 실력향상편 下	新신공략 중국어 프리토킹편	新신공략 중국어 고급편
	↓	↓	↓	↓	↓	↓	↓
최신개정판			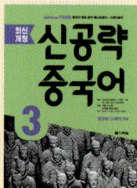	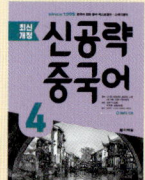			
	최신개정 신공략 중국어 1	최신개정 신공략 중국어 2	최신개정 신공략 중국어 3	최신개정 신공략 중국어 4	최신개정 신공략 중국어 5	최신개정 신공략 중국어 6	최신개정 신공략 중국어 7
	《汉语口语速成》 入门篇·上册 (第三版)	《汉语口语速成》 入门篇·上/下册 (第三版)	《汉语口语速成》 入门篇·下册 (第三版)	《汉语口语速成》 基础篇·上册 (第三版)	《汉语口语速成》 基础篇·下册 (第三版)	《汉语口语速成》 提高篇 (第三版)	《汉语口语速成》 中级篇 (第三版)

최신개정

신공략 중국어

원제 《汉语口语速成》_基础篇·上册
(第三版) 北京大学出版社
편저 马箭飞(主编)
李德钧·成文(编著)
편역 변형우·주성일·여승환·배은한

다락원

들어가는 말

『최신개정 신공략 중국어』 시리즈 소개

『최신개정 신공략 중국어』는《汉语口语速成》이라는 제목으로 중국에서 발간된 중국어 회화 교재의 한국어판이다. 외국인에 대한 중국어 교수법을 다년간 연구해 온 베이징어언대학 교수진에 의해 공동 기획 및 집필된 이 시리즈는 중국에서 입문편 상·하(入门篇·上册/下册), 기초편 상·하(基础篇·上册/下册), 제고편(提高篇), 중급편(中级篇), 고급편(高级篇), 총 7단계의 시리즈로 발간되었다.

《汉语口语速成》은 1999년 제1판, 2005년 제2판이 베이징어언대학에서 출간되었고, 2015년 제3판이 새롭게 베이징대학에서 출간되며, 주요 국가 언어로 번역되어 중국어를 배우는 전 세계 학생들과 함께하고 있다. '중국어 교재의 바이블'이라는 수식어답게, 오랜 시간 대외한어 교재를 대표하는 최고의 책으로 평가받고 있다.

이 시리즈는 중국어를 처음 접하는 학생들이 최단 기간 효율적으로 중국어 의사소통 능력을 향상시킬 수 있도록 돕기 위해 개발되었다. 학생들이 매 수업시간 학습 효과를 스스로 느낄 수 있도록 실용성과 실효성에 많은 비중을 두고 집필되어 실제 학습자와 교수자의 만족도가 매우 크다.

원서가 가진 특장점은 살리면서, 한국인의 언어 학습 환경에 적합하도록 국내 교수진과 다락원이 오랜 시간 기획하고 재구성하여 출간한 『최신개정 신공략 중국어』가 학습자들에게 참된 길잡이가 되길 기대한다.

다락원 중국어출판부

『최신개정 신공략 중국어 4』 소개

『최신개정 신공략 중국어 4』는 본문 총 12과로 구성되어 있다. 원서《汉语口语速成》_基础篇·上册/下册를 신공략 시리즈 4권, 5권(각 12과)으로 기획하였다. 시리즈 중 1·2·3권은 기초·초급 단계이고, 4·5권은 중급 단계의 난이도로 설계되었다.

원서에는 없는 간체자 쓰기를 추가 구성해, 중국어 쓰기 연습에 활용할 수 있도록 하였다. 또한 모든 문제에 모범 답안을 제시해 학습 효율을 최대한 높이고자 하였고, 음원 트랙 또한 세분화하여 학습자의 편의를 최우선으로 하였다.

이번 최신개정판에서는 시류에 따라 변화한 몇몇 부분을 수정·보완하고, 학습자와 교수자의 요구를 최대한 반영하였다. 한국 교수 현장에서 빛을 발할 수 있도록 오랜 시간 기획하고 준비한 만큼, 이 책을 사용하는 교수자와 학습자 모두에게 더욱 환영받는 교재가 되길 바란다.

지난 십 수년간 국내 수많은 대학과 학원에서 교재로 활용되면서 그 우수성과 학업 성취도가 이미 입증된 『신공략 중국어』 시리즈이기에, 이번 최신개정판 역시 그 명성에 부합할 것임을 확신하며, 이 교재를 자신 있게 추천한다.

역자 **변형우, 주성일, 여승환, 배은한**

이 책의 순서

들어가는 말　　　　　　4
이 책의 순서　　　　　　6
이 책의 구성 및 활용　　8
이 책의 표기 규칙　　　10

01　认识一下 알고 지냅시다　　　11
越来越 ｜ 是……的 ｜ 先……然后…… ｜ 一边……一边…… ｜
一……也不…… ｜ 为了……

02　吃点儿什么? 무엇을 드시겠습니까?　　　25
又……又…… ｜ 一……就…… ｜ 挺 ｜ 得了 ｜ 越……越…… ｜
有一点点

03　在校园里 학교 교정에서　　　39
这是 ｜ 原来……怪不得…… ｜ 什么都 ｜ 这么 ｜ 不但……而且…… ｜
为的是

04　住的麻烦 주거 문제　　　53
才 ｜ 偏偏 ｜ 既……也…… ｜ 只 ｜ 怎么 ｜ 不是……吗 ｜
或者……或者…… ｜ 再说吧

05　怎么去好? 어떻게 가는 것이 좋을까요?　　　69
差不多 ｜ 比 ｜ 腻 ｜ 要是 ｜ 千万 ｜ 因为……，所以…… ｜ 再说

06　做客 손님이 되다　　　85
早 ｜ 什么(1) ｜ 该 ｜ 如果 ｜ 其实 ｜ 什么(2)

07 旅行计划 여행 계획 99
好 | 除了……以外 | 说实话 | 哪儿……哪儿…… | 既……又……等

08 生活服务 생활 서비스 113
急着 | ……的话 | 特别是 | 稍微 | 趟 | 多了 | 拿……来说

09 北京的市场 베이징의 시장 127
要不 | 正好 | 多 | 听说 | 不用 | 不如

10 为了健康 건강을 위하여 143
连……都…… | 怎么……都…… | 绝对 | 一天比一天 | 既然 | 万一 | 一……就是

11 购物 물건 사기 157
够……的 | ……是……，不过 | 最好 | 什么的 | ……吧，……；……吧，…… | 只要……就…… | 因此

12 谈论朋友 친구에 대해 이야기하다 173
以为 | 来着 | 起来 | 光 | 可不是嘛 | 说不定

부록 187
본문 해석 | 모범 답안

간체자 쓰기 239

이 책의 구성 및 활용

『최신개정 신공략 중국어 4』는 본서, 부록, 간체자 쓰기 세 부분으로 나뉩니다. 이 중 본서는 총 12과로 구성되어 있습니다. 맨 뒤에는 간체자 쓰기를 수록하여, 한자의 정확한 모양과 쓰는 순서를 익힐 수 있도록 하였습니다.

본서

단어 익히기

'회화 배우기', '표현 익히기'에 나오는 단어입니다. 먼저 '회화 단어'를 학습하고, 그 다음 '표현 단어'를 학습해 보세요. 단어 학습은 외국어 공부의 기초입니다. 반복적으로 듣고, 읽고, 쓰는 것이 중요합니다.

회화 배우기

각 과의 주제에 따라 3~4개의 회화 또는 단문이 제시됩니다. 의미를 파악하고, 녹음과 함께 여러 번 듣고 따라 말하며 입에 붙을 때까지 반복 학습해 보세요.

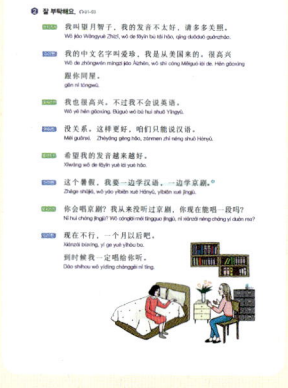

표현 익히기

본문의 핵심 표현을 통해 어법 구조를 학습합니다. 중국어의 문장 형식을 이해하고, 예문을 통해 다양한 활용법을 익혀 보세요.

내공 쌓기

유형별 문제를 풀며 배운 내용을 정리하고, 각 과의 학습 성과를 점검해 봅니다. 정해진 답이 없는 서술형 문제는 자유롭게 자신의 생각을 이야기해 보세요.

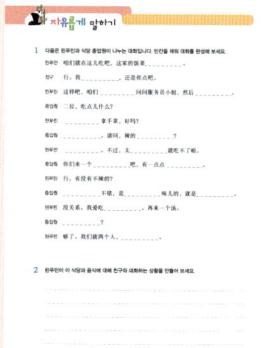

자유롭게 말하기

앞에서 배운 단어나 표현을 활용하여 자유롭게 대화를 완성해 보세요.

제1과에서 제12과는 '단어 익히기—회화 배우기—표현 익히기—내공 쌓기—자유롭게 말하기'로 구성되어 있습니다.

부록

본문 해석 & 모범 답안

'회화 배우기'의 해석과 '내공 쌓기', '자유롭게 말하기'의 모범 답안을 정리했습니다. 먼저 자신만의 답을 완성한 후, 모범 답안과 비교해 보세요.

간체자 쓰기

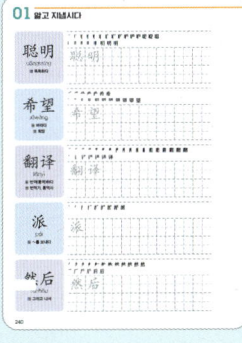

간체자 쓰기

각 과의 주요 단어를 반복적으로 써 보며, 쓰기 훈련을 합니다. 정확한 필순에 따라 연습해 보세요.

MP3 음원

교재 페이지마다 해당 MP3 음원의 번호가 기재되어 있습니다.
원어민의 음성 녹음을 반복해서 들으며 공부해 보세요.

MP3 다운로드

- MP3 음원은 '다락원 홈페이지(www.darakwon.co.kr)'를 통해서 무료로 다운로드 하실 수 있습니다.
- 스마트폰으로 QR 코드를 스캔하면 MP3 다운로드 및 실시간 재생 가능한 페이지로 바로 연결됩니다.

이 책의 표기 규칙

01 중국의 지명이나 건물, 관광명소의 명칭 등은 중국어 발음을 한국어로 표기하는 것을 원칙으로 했습니다. 단, 우리에게 이미 잘 알려진 장소에 한해서 익숙한 발음으로 표기했습니다.

예 北京 베이징   长城 만리장성

02 인명은 각 나라에서 실제 사용하는 발음으로 표기했습니다.

예 小明 샤오밍   英男 영남   保罗 폴

03 중국어의 품사는 다음과 같은 약어로 표기했습니다.

명사	명	조사	조	접속사	접
동사	동	개사	개	조동사	조동
형용사	형	부사	부	감탄사	감
대사	대	수사	수	고유명사	고유
양사	양	수량사	수량	성어	성

04 『현대한어사전(现代汉语词典_第7版)』에 기준하여 '学生'의 성조를 'xuéshēng'으로, '聪明'의 성조를 'cōngmíng'으로 표기했습니다.

05 이합동사의 한어병음은 붙여서 표기했습니다.

예 上课 shàngkè   睡觉 shuìjiào

알고 지냅시다
认识一下
Rènshi yíxià

01

- **학습 목표**
  자신과 친구들에 대해 소개할 수 있다.

- **표현 포인트**
  越来越　是……的　先……然后……
  一边……一边……　一……也不……
  为了……

단어 익히기 🎧 01-01

🔊 회화 단어

猜 cāi 동 추측하다, 알아맞히다
一定 yídìng 부 반드시, 꼭 형 일정하다
聪明 cōngmíng 형 영리하다, 똑똑하다
越来越 yuè lái yuè 점점, 더욱더
希望 xīwàng 동 바라다, 희망하다 명 희망
做 zuò 동 하다, 종사하다
翻译 fānyì 동 번역하다, 통역하다 명 번역가, 통역사
公司 gōngsī 명 회사
派 pài 동 파견하다
先 xiān 부 먼저, 우선
然后 ránhòu 접 그러한 후에, 그러고 나서
发音 fāyīn 명 발음 동 발음하다
关照 guānzhào 동 돌보다, 보살피다
同屋 tóngwū 동 같은 방에 살다 명 룸메이트
一边……一边…… yìbiān……yìbiān…… ~하면서 ~하다
京剧 jīngjù 명 경극 [중국 주요 전통극 중 하나]
从来 cónglái 부 지금까지, 여태껏, 이제까지
段 duàn 양 단락, 부분, 구간 [사물이나 시간의 한 부분을 나타냄]
不行 bùxíng 동 (허락할 수 없다는 뜻으로) 안 된다
职员 zhíyuán 명 직원, 사무원
华裔 huáyì 명 화교의 후예 [외국에서 태어나 그 나라의 국적을 취득한 화교의 자녀]
特别 tèbié 부 특별히 형 특별하다
为了 wèile 개 ~을 위하여, ~을 위해서

✏️ 표현 단어

参观 cānguān 동 참관하다, 견학하다
客人 kèrén 명 손님
弹 tán 동 (악기를) 켜다, 치다, 연주하다
吉他 jítā 명 기타
专心 zhuānxīn 동 전념하다, 열중하다
家务 jiāwù 명 집안일, 가사
记住 jìzhù 확실히 기억해 두다

▶ 고유명사

飞龙 Fēilóng 고유 펄롱(Furlong) [인명]
李钟文 Lǐ Zhōngwén 고유 이종문 [인명]
韩国 Hánguó 고유 한국
法国 Fǎguó 고유 프랑스
望月智子 Wàngyuè Zhìzǐ 고유 모치즈키 토모코 [인명]
爱珍 Àizhēn 고유 아이쩐 [인명]
美国 Měiguó 고유 미국
日本 Rìběn 고유 일본
印度尼西亚 Yìndùníxīyà 고유 인도네시아
林福民 Lín Fúmín 고유 린푸민 [인명]
景山 Jǐngshān 고유 징산 [지명]
北海 Běihǎi 고유 베이하이 [지명]
马克 Mǎkè 고유 마크(Mark) [인명]
西安 Xī'ān 고유 시안 [지명]

회화 배우기

1 왜 중국어를 배우러 왔나요? 🎧 01-02

펄롱 你好！你叫什么名字？
Nǐ hǎo! Nǐ jiào shénme míngzi?

이종문 我叫李钟文。
Wǒ jiào Lǐ Zhōngwén.

펄롱 你好，李钟文！我猜你一定是韩国人。
Nǐ hǎo, Lǐ Zhōngwén! Wǒ cāi nǐ yídìng shì Hánguó rén.

이종문 你真聪明！你呢？
Nǐ zhēn cōngmíng! Nǐ ne?

펄롱 我叫飞龙，法国人，是大学生。
Wǒ jiào Fēilóng, Fǎguó rén, shì dàxuéshēng.

이종문 你为什么来学汉语？
Nǐ wèi shénme lái xué Hànyǔ?

펄롱 去法国的中国人越来越多，❶ 我希望以后做汉语翻译。
Qù Fǎguó de Zhōngguó rén yuè lái yuè duō, wǒ xīwàng yǐhòu zuò Hànyǔ fānyì.

你呢？
Nǐ ne?

이종문 是公司派我来学习的。❷ 我要先在这儿学习半年，
Shì gōngsī pài wǒ lái xuéxí de.   Wǒ yào xiān zài zhèr xuéxí bàn nián,

然后在中国工作。❸
ránhòu zài Zhōngguó gōngzuò.

01 认识一下   **13**

2 잘 부탁해요. 🎧 01-03

모치즈키 我叫望月智子，我的发音不太好，请多多关照。
Wǒ jiào Wàngyuè Zhìzǐ, wǒ de fāyīn bú tài hǎo, qǐng duōduō guānzhào.

아이쩐 我的中文名字叫爱珍，我是从美国来的。很高兴
Wǒ de Zhōngwén míngzi jiào Àizhēn, wǒ shì cóng Měiguó lái de. Hěn gāoxìng

跟你同屋。
gēn nǐ tóngwū.

모치즈키 我也很高兴。不过我不会说英语。
Wǒ yě hěn gāoxìng. Búguò wǒ bú huì shuō Yīngyǔ.

아이쩐 没关系。这样更好，咱们只能说汉语。
Méi guānxi. Zhèyàng gèng hǎo, zánmen zhǐ néng shuō Hànyǔ.

모치즈키 希望我的发音越来越好。
Xīwàng wǒ de fāyīn yuè lái yuè hǎo.

아이쩐 这个暑假，我要一边学汉语，一边学京剧。❹
Zhège shǔjià, wǒ yào yìbiān xué Hànyǔ, yìbiān xué jīngjù.

모치즈키 你会唱京剧? 我从来没听过京剧，你现在能唱一段吗?
Nǐ huì chàng jīngjù? Wǒ cónglái méi tīngguo jīngjù, nǐ xiànzài néng chàng yí duàn ma?

아이쩐 现在不行，一个月以后吧。
Xiànzài bùxíng, yí ge yuè yǐhòu ba.

到时候我一定唱给你听。
Dào shíhou wǒ yídìng chànggěi nǐ tīng.

3 반 친구들 소개 🎧 01-04

望月他们班一共有十六个学生，有日本人、韩国人、
Wàngyuè tāmen bān yígòng yǒu shíliù ge xuéshēng, yǒu Rìběn rén、Hánguó rén、

美国人、法国人，还有印度尼西亚人。
Měiguó rén、Fǎguó rén, hái yǒu Yìndùníxīyà rén.

韩国学生李钟文是公司职员，以前在韩国学过
Hánguó xuéshēng Lǐ Zhōngwén shì gōngsī zhíyuán, yǐqián zài Hánguó xuéguo

一点儿汉语，他觉得汉语一点儿也不难。⑤ 公司让他
yìdiǎnr Hànyǔ, tā juéde Hànyǔ yìdiǎnr yě bù nán.   Gōngsī ràng tā

明年在北京工作。
míngnián zài Běijīng gōngzuò.

印度尼西亚学生林福民一天汉语班也没上过，
Yìndùníxīyà xuéshēng Lín Fúmín yì tiān Hànyǔ bān yě méi shàngguo,

可是他是华裔，他的爸爸妈妈在家里都说汉语，所以
kěshì tā shì huáyì, tā de bàba māma zài jiā li dōu shuō Hànyǔ, suǒyǐ

他的口语特别好。
tā de kǒuyǔ tèbié hǎo.

美国学生爱珍学汉语是为了学京剧。⑥ 法国学生
Měiguó xuéshēng Àizhēn xué Hànyǔ shì wèile xué jīngjù.   Fǎguó xuéshēng

飞龙是为了以后做汉语翻译。
Fēilóng shì wèile yǐhòu zuò Hànyǔ fānyì.

표현 익히기

1 越来越 점점, 갈수록

去法国的中国人越来越多, ……

'越来越'는 시간의 추이에 따른 발전 정도를 표시한다.

- 天气越来越凉快。
  Tiānqì yuè lái yuè liángkuai.
  날씨가 점점 시원해진다.

- 他说汉语说得越来越流利。
  Tā shuō Hànyǔ shuō de yuè lái yuè liúlì.
  그는 중국어를 점점 유창하게 한다.

- 有的东西越来越便宜, 而有的东西越来越贵。
  Yǒu de dōngxi yuè lái yuè piányi, ér yǒu de dōngxi yuè lái yuè guì.
  어떤 물건은 점점 싸지고, 어떤 물건은 점점 비싸진다.

2 是……的 ~이다

是公司派我来学习的。

'是……的'는 어떤 일이 발생한 시간, 장소, 방법, 사람이나 단체 등을 강조할 때 쓰는데, 이때 강조되는 부분은 반드시 과거에 발생한 일이어야 한다.

- 他是今年3月到北京的。
  Tā shì jīnnián sān yuè dào Běijīng de.
  그는 올해 3월에 베이징에 도착했다. (시간 강조)

- 这本书是在外文书店买的。
  Zhè běn shū shì zài wàiwén shūdiàn mǎi de.
  이 책은 외국어 서점에서 샀다. (장소 강조)

- 教室里的灯不是丹尼尔开的, (是)飞龙开的。
  Jiàoshì li de dēng bú shì Dānní'ěr kāi de, (shì) Fēilóng kāi de.
  교실 등은 다니엘이 아니라 펄롱이 켰다. (동작의 주체 강조)

3 先……，然后…… 먼저 ~하고 그러고 나서 ~하다

我要**先**在这儿学习半年，**然后**在中国工作。

부사 '先'과 접속사 '然后'는 자주 앞뒤 절에서 서로 호응하여, 두 가지 일이 순차적으로 일어남을 나타낸다. 앞 절은 먼저 하거나 발생한 일을, 뒤 절은 나중에 하거나 발생한 일을 나타낸다.

- 昨天我们**先**参观了天安门、故宫，**然后**又去了景山、北海。
  Zuótiān wǒmen xiān cānguān le Tiān'ānmén、Gùgōng, ránhòu yòu qù le Jǐngshān、Běihǎi.
  어제 우리는 먼저 톈안먼과 고궁을 둘러본 후에 징산과 베이하이에 갔다.

- 咱们**先**去喝点儿咖啡，**然后**再回宿舍，好吗？
  Zánmen xiān qù hē diǎnr kāfēi, ránhòu zài huí sùshè, hǎo ma?
  우리 우선 커피를 좀 마신 후에 기숙사로 돌아가는 것이 어때요?

✽ 앞뒤 절의 주어가 다를 경우, '然后'는 일반적으로 뒤 절의 주어 앞에 온다.
你**先**看，**然后**我再看。
Nǐ xiān kàn, ránhòu wǒ zài kàn.
당신이 먼저 보고 나서 제가 볼게요.

4 一边……，一边…… ~하면서 ~하다

我要**一边**学汉语，**一边**学京剧。

'一边……，一边……'은 두 가지 또는 그 이상의 동작이 동시에 이루어질 때 쓰인다.

- 妈妈**一边**做饭，**一边**跟客人聊天儿。
  Māma yìbiān zuò fàn, yìbiān gēn kèrén liáotiānr.
  엄마는 식사 준비를 하면서 손님과 이야기를 나누신다.

- 飞龙**一边**弹吉他，**一边**唱歌。
  Fēilóng yìbiān tán jítā, yìbiān chànggē.
  펄롱은 기타를 치면서 노래를 부른다.

✽ 이때, 동사는 반드시 의지를 가지고 행하는 주동적인 동작을 나타내는 것이어야 한다.
他一边受表扬，一边脸红了。(✕)

5 一……也不…… ~도 ~하지 않다

> 他觉得汉语一点儿也不难。

'一……也/都 + 不/没……'는 어떤 동작, 행위, 성질의 부정을 강조할 때 쓰인다. 수사 '一' 뒤에는 양사 또는 양사+명사, 동량사가 올 수 있고, '一' 앞에는 개사 '连'이 올 수도 있다.

- 马克来中国以前没学过汉语，一个汉字也/都不认识。
  Mǎkè lái Zhōngguó yǐqián méi xuéguo Hànyǔ, yí ge Hànzì yě/dōu bú rènshi.
  마크는 중국에 오기 전에 중국어를 배운 적이 없어서 한자를 하나도 모른다.

- 西安我一次也/都没去过。
  Xī'ān wǒ yí cì yě/dōu méi qùguo.
  나는 시안에 한 번도 가 본 적이 없다.

- 这两天他一点儿东西也/都没吃。
  Zhè liǎng tiān tā yìdiǎnr dōngxi yě/dōu méi chī.
  요 며칠 그는 음식을 조금도 먹지 않았다.

- 这些书我连一本都没看完。
  Zhèxiē shū wǒ lián yì běn dōu méi kànwán.
  나는 이 책들을 한 권도 끝까지 다 읽지 않았다.

6 为了…… ~하기 위해서

> 美国学生爱珍学汉语是为了学京剧。

'为了'는 주로 앞 절의 시작 부분에 쓰여서 목적을 나타내고, 뒤 절에는 그 목적을 이루기 위한 행동이 나온다.

- 为了让女儿专心工作，老人每天去女儿家里帮助做家务。
  Wèile ràng nǚ'ér zhuānxīn gōngzuò, lǎorén měi tiān qù nǚ'ér jiā li bāngzhù zuò jiāwù.
  딸이 일에 집중할 수 있도록 노인은 매일 딸의 집에 가서 집안일을 돕는다.

- 为了学汉语，很多外国人来到中国。
  Wèile xué Hànyǔ, hěn duō wàiguórén láidào Zhōngguó.
  중국어를 배우기 위해 많은 외국인들이 중국에 온다.

때로는 앞에 행동을 먼저 쓰고, 뒤에 '是为了'를 써서 그 행동의 목적을 나타내기도 한다.

- 她不吃肉是为了减肥。
  Tā bù chī ròu shì wèile jiǎnféi.
  그녀가 고기를 먹지 않는 것은 다이어트를 하기 위해서이다.

- 复习是为了记住学过的东西。
  Fùxí shì wèile jìzhù xuéguo de dōngxi.
  복습하는 것은 배웠던 것을 기억해 두기 위해서이다.

내공 쌓기

1 두 개의 단어나 구를 골라 '先……，然后……'를 사용하여 보기와 같이 문장을 만들어 보세요.

> 보기 上课 / 去看京剧 → 明天我先去上课，然后去看京剧。

复习	预习	听写
喝酒	吃饭	学新课
买火车票	想好去哪儿	去邮局寄信
去商店买东西	出去办点儿事	跟朋友一起吃饭

_____

_____

2 '一边……，一边……'을 사용하여 문장을 고쳐 보세요.

❶ 林福民练习写汉字的时候听音乐。

→ _____

❷ 主人去开门，问："谁呀？"

→ _____

❸ 望月打扫房间的时候唱歌。

→ _____

❹ 爸爸喜欢看着电视吃饭。

→ _____

❺ 出租车司机开车的时候常常跟客人说话。

→ _____

打扫 dǎsǎo 동 청소하다 | 出租车 chūzūchē 명 택시 | 司机 sījī 명 기사, 운전사

3 '是……的' 구문을 사용하여 다음 그림의 상황을 설명해 보세요.

① 上星期

② 上海〇〇公司

③ 昨天
上海 → 北京

④

4 다음은 위 그림을 설명하는 문장입니다. 빈칸에 알맞은 내용을 채워 보세요.

　　为了＿＿＿＿＿＿，上个星期小张和小李去上海了。今天中午他们回到北京。下了火车，两个人都饿了。他们一边＿＿＿＿＿＿，一边＿＿＿＿＿＿。他们想先＿＿＿＿＿＿，然后＿＿＿＿＿＿。

5 '一……都/也+不/没……'를 사용하여 대화를 완성해 보세요.

① A 你喜欢听中国歌吗?

　　B 喜欢，可是歌词_____。

② A 昨天你睡得好吗?

　　B 昨天晚上楼上有人开晚会，声音很大，我_____。

③ A 今天听写单词，谁的成绩最好?

　　B 大卫_____，得了100分。

④ A 你们国家冬天冷不冷?

　　B _____，穿一件衬衫一件外套就可以了。

⑤ A 昨天开会的时候，校长说了什么?

　　B 他说得太快，_____。

> 歌词 gēcí 명 (노래의) 가사 | 单词 dāncí 명 단어 | 大卫 Dàwèi 고유 데이비드 [인명] | 外套 wàitào 명 외투, 코트 | 校长 xiàozhǎng 명 학교장

6 '为了'나 '是为了'를 사용하여 문장을 고쳐 보세요.

① 爱珍想唱好京剧，每天很早就起床练习。

→ _____

② 金美英请假回国，去参加姐姐的婚礼。

→ _____

③ 奶奶经常自己做衣服，这样可以少花钱。

→ _____

❹ 李钟文学会汉语以后要在中国工作。

→ _____

❺ 望月每星期给妈妈打一次电话，这样妈妈就不会担心了。

→ _____

❻ 飞龙想交中国朋友，他努力地练习口语。

→ _____

> 请假 qǐngjià 휴가를 신청하다 | 婚礼 hūnlǐ 결혼식, 혼례 | 担心 dānxīn 걱정하다, 근심하다

7 이 과에서 배운 새 단어를 사용하여 빈칸을 채워 보세요.

❶ 你_____我是哪国人。

❷ 学校_____他去美国学习。

❸ 他_____能在IBM公司工作。

❹ 我在公司_____工作_____听音乐。

❺ 我_____去买东西，然后回宿舍。

❻ 那家公司_____大。

❼ 来北京以后，她_____没去看过电影。

❽ 他_____喝咖啡，经常去咖啡厅。

> 咖啡厅 kāfēitīng 카페, 커피숍

1. 다음은 이종문이 같은 반 친구와 나누는 대화입니다. 빈칸을 채워 대화를 완성해 보세요.

이종문　你好！我叫李钟文，韩国人。你呢？

친구　　_____。_____很高兴。

이종문　_____也_____。

　　　　你的汉语怎么这么好？在_____学的？

친구　　_____。你的汉语_____？

이종문　是在韩国学的，不太好。

친구　　在这儿学完以后，你打算去哪儿？

이종문　学完以后，我先回国看看家里人，_____。你呢？

친구　　我打算先_____，然后_____。

이종문　哟，要上课了，_____再聊吧。

무엇을 드시겠습니까?

吃点儿什么?
Chī diǎnr shénme?

02

- **학습 목표**
  식당과 음식에 대해 설명할 수 있다.

- **표현 포인트**
  又……又…… | 一……就…… | 挺
  得了 | 越……越…… | 有一点点

단어 익히기 🎧 02-01

🔵 회화 단어

饭馆儿 fànguǎnr 명 음식점, 식당
饭菜 fàncài 명 밥과 찬, 식사
好吃 hǎochī 형 맛있다
便宜 piányi 형 (값이) 싸다, 저렴하다
菜单 càidān 명 메뉴, 차림표
一……就…… yī……jiù…… ~하기만 하면 ~하다, ~하게 되자 ~하다
头疼 tóu téng 머리가 아프다
点 diǎn 동 (음식을) 주문하다
拿手 náshǒu 형 (어떤 기술에 매우) 뛰어나다, 노련하다, 자신 있다
味儿 wèir 명 맛
腻 nì 형 기름기가 너무 많다, 느끼하다
挺 tǐng 부 꽤, 무척, 매우
辣 là 형 맵다, 얼얼하다, 아리다
越……越…… yuè……yuè…… ~할수록 ~하다
酸 suān 형 시다, 시큼하다
甜 tián 형 달다, 달콤하다
地道 dìdao 형 진짜의, 본고장의
风味 fēngwèi 명 (음식의) 특색, 풍미
冰 bīng 명 얼음 형 차다, 시리다
脸红 liǎnhóng 동 얼굴이 붉어지다, 부끄러워하다
果汁 guǒzhī 명 과일주스, 과즙 음료
流利 liúlì 형 (말이나 문장이) 유창하다
凉快 liángkuai 형 시원하다, 선선하다
环境 huánjìng 명 환경, 주위 상황
舒适 shūshì 형 쾌적하다, 편하다

附近 fùjìn 명 부근, 근처, 인근
总是 zǒngshì 부 늘, 언제나
座位 zuòwèi 명 자리, 좌석
服务员 fúwùyuán 명 종업원
热情 rèqíng 형 친절하다, 마음이 따뜻하다
周到 zhōudào 형 세심하다, 꼼꼼하다
味道 wèidào 명 맛
确实 quèshí 형 확실하다 부 확실히, 분명히
咸 xián 형 (맛이) 짜다, 소금기가 있다

🔵 요리 이름

水煮牛肉 shuǐ zhǔ niúròu
명 수이주니우러우 [매운 쇠고기 찜]
酸辣土豆丝 suān là tǔdòusī
명 쏸라투더우쓰 [매콤새콤한 감자채 볶음]
京酱肉丝 jīngjiàng ròusī 명 징장러우쓰
[얇게 썬 돼지고기를 두부피에 싸 먹는 음식]
糖醋里脊 tángcù lǐji 명 탕추리지 [탕수육]
西红柿鸡蛋汤 xīhóngshì jīdàn tāng
명 시훙스지단탕 [토마토 계란탕]

🔵 표현 단어

难过 nánguò 형 괴롭다, 슬프다
批评 pīpíng 동 꾸짖다, 주의를 주다
听话 tīnghuà 동 말을 듣다, 순종하다
够 gòu 형 충분하다, 넉넉하다

🔵 고유명사

刘艳 Liú Yàn 고유 리우옌 [인명]
四川 Sìchuān 고유 쓰촨 [지명]

1 뭐 먹을래요? 🎧 02-02

리우옌 这家饭馆儿的饭菜又好吃又便宜。❶ 这是菜单，你们
Zhè jiā fànguǎnr de fàncài yòu hǎochī yòu piányi. Zhè shì càidān, nǐmen

喜欢吃什么？
xǐhuan chī shénme?

필롱 我一看汉语菜单就头疼，❷ 老师您先点吧。
Wǒ yí kàn Hànyǔ càidān jiù tóu téng, lǎoshī nín xiān diǎn ba.

리우옌 行，我先点一个吧。他们这儿有个拿手菜叫水煮牛肉。
Xíng, wǒ xiān diǎn yí ge ba. Tāmen zhèr yǒu ge náshǒu cài jiào shuǐ zhǔ niúròu.

필롱 味儿怎么样？腻不腻？
Wèir zěnmeyàng? Nì bu nì?

리우옌 挺好吃的，❸ 一点儿也不腻，可是有点儿辣。你们
Tǐng hǎochī de, yìdiǎnr yě bú nì, kěshì yǒudiǎnr là. Nǐmen

吃得了吗？❹
chīdeliǎo ma?

이종문 吃得了，我喜欢吃辣的，越辣我越喜欢。❺
Chīdeliǎo, wǒ xǐhuan chī là de, yuè là wǒ yuè xǐhuan.

모치즈키 是吗？那再来个酸辣土豆丝，让你再多吃一点儿。
Shì ma? Nà zài lái ge suān là tǔdòusī, ràng nǐ zài duō chī yìdiǎnr.

필롱 甜味儿的菜有没有？我喜欢吃甜的。
Tián wèir de cài yǒu méiyǒu? Wǒ xǐhuan chī tián de.

리우옌 京酱肉丝是甜味儿的，是地道的北京风味。
Jīngjiàng ròusī shì tián wèir de, shì dìdao de Běijīng fēngwèi.

이종문: 我吃过一个菜，叫"糖醋里脊"，又甜又酸，你一定喜欢。
Wǒ chīguo yí ge cài, jiào "tángcù lǐji", yòu tián yòu suān, nǐ yídìng xǐhuan.

2 우리 뭐 마실까요? 🎧 02-03

모치즈키: 菜够了，太多了咱们吃不了。再要个西红柿鸡蛋汤怎么样？
Cài gòu le, tài duō le zánmen chībuliǎo. Zài yào ge xīhóngshì jīdàn tāng zěnmeyàng?

펄롱: 好的。咱们喝点儿什么？
Hǎo de. Zánmen hē diǎnr shénme?

이종문: 啤酒！这么热的天，当然要喝冰啤酒了。
Píjiǔ! Zhème rè de tiān, dāngrán yào hē bīng píjiǔ le.

리우옌: 我一喝啤酒就头疼、脸红，我和望月喝点儿果汁吧。
Wǒ yì hē píjiǔ jiù tóu téng、liǎnhóng, wǒ hé Wàngyuè hē diǎnr guǒzhī ba.

이종문: 行，不过，得先喝点儿啤酒，然后再喝果汁。
Xíng, búguò, děi xiān hē diǎnr píjiǔ, ránhòu zài hē guǒzhī.

펄롱: 对，一边喝中国啤酒，一边吃中国菜，一边说中国话，我们的汉语会越说越流利。
Duì, yìbiān hē Zhōngguó píjiǔ, yìbiān chī Zhōngguó cài, yìbiān shuō Zhōngguó huà, wǒmen de Hànyǔ huì yuè shuō yuè liúlì.

3. 학교 옆 식당 🎧 02-04

星期五晚上，李钟文和同学一起去吃晚饭。他们去了学校旁边的一家饭馆儿。那儿又干净又凉快，环境很舒适。在学校附近的饭馆儿里，那儿的客人总是最多。留学生都喜欢在那儿吃饭，有时候去晚了，就没有座位了。吃完以后，同学们觉得那儿的服务员又热情又周到，菜的味道也确实不错，就是有一点点咸。❻ 大家都说，以后下了课可以经常去那儿吃饭。

 **표현** 익히기

1 又……又…… ～하기도 하고 ～하기도 하다

这家饭馆儿的饭菜又好吃又便宜。

'又……又……'는 동사(구)나 형용사(구)를 연결하여 두 가지 상황이나 특성이 동시에 존재함을 나타낸다.

- 女儿要去北京上大学了，妈妈心里又高兴又难过。
  Nǚ'ér yào qù Běijīng shàng dàxué le, māma xīn li yòu gāoxìng yòu nánguò.
  딸이 베이징에 가서 대학을 다니려고 하니, 엄마는 속으로 기쁘면서도 걱정스럽다.

- 孩子们高兴极了，又唱又跳。
  Háizimen gāoxìng jíle, yòu chàng yòu tiào.
  아이들은 너무 기뻐서 노래를 부르고 춤도 췄다.

- 去饭馆儿吃饭都想吃得又好，花钱又少。
  Qù fànguǎnr chī fàn dōu xiǎng chī de yòu hǎo, huā qián yòu shǎo.
  밥을 먹으러 식당에 갈 때는 맛있으면서 가격도 저렴하기를 바란다.

2 一……就…… ～하기만 하면 ～하다

我一看汉语菜单就头疼。

'一A就B'에서 A는 조건을 나타내고, B는 그 조건에 따라 이어서 발생하는 결과를 나타낸다.

- 我一喝冰水就会肚子疼。
  Wǒ yì hē bīngshuǐ jiù huì dùzi téng.
  나는 차가운 물을 마시기만 하면 배가 아프다.

- 天气一热，我就不想吃饭。
  Tiānqì yí rè, wǒ jiù bù xiǎng chī fàn.
  날씨가 더워지면 나는 밥 생각이 없다.

✳ 여기서 '一(~하기만 하면)'와 '就'는 부사이기 때문에 반드시 주어 뒤, 술어 앞에 와야 한다. 회화 배우기의 '头疼(머리가 아프다)'은 주술구가 술어로 쓰인 것이다.

✳ '他一进屋就睡觉了'에서 '一……就……'는 '~하기만 하면 ~하다'라는 의미의 조건문이 아니라, '~하자마자 ~하다'라는 의미로, 두 가지 동작이 연이어 일어났음을 나타낸다.

小王一吃完饭就出去了。
Xiǎo Wáng yì chīwán fàn jiù chūqù le.
샤오왕은 밥을 다 먹자마자 나갔다.

我一到中国就给爸爸妈妈打了一个电话。
Wǒ yí dào Zhōngguó jiù gěi bàba māma dǎ le yí ge diànhuà.
나는 중국에 도착하자마자 아빠 엄마에게 전화를 걸었다.

3 挺 매우, 꽤

挺好吃的

부사 '挺'은 '很'과 같은 의미로, 정도가 심함을 나타낸다. 회화에서 주로 쓰이며, 뒤에 '的'를 쓸 수도 있다.

- 这东西挺好(的)，就是有点儿贵。
  Zhè dōngxi tǐng hǎo (de), jiùshì yǒudiǎnr guì.
  이 물건은 아주 좋지만 조금 비싸요.

- 他挺想去(的)，可是没有时间。
  Tā tǐng xiǎng qù (de), kěshì méiyǒu shíjiān.
  그는 정말 가고 싶지만 시간이 없어요.

- 今天挺凉快(的)，咱们可以去打球。
  Jīntiān tǐng liángkuai (de), zánmen kěyǐ qù dǎqiú.
  오늘 정말 시원해서 우리 공을 치러 갈 수 있겠어요.

4 得了 ~할 수 있다

你们吃得了吗?

'了'는 여기에서 liǎo로 읽는다. '동사+得了/不了'는 다음과 같이 두 가지 의미를 가지고 있다.

(1) '得了/不了'는 가능보어로, '~할 수 있다/~할 수 없다'라는 의미를 가진다. '동사 + 得了/不了'의 형식으로 쓰여 어떤 동작의 가능 또는 불가능을 나타낸다.

- 有点儿辣，你吃得了吗?
  Yǒudiǎnr là, nǐ chīdeliǎo ma?
  조금 매운데 먹을 수 있겠어요?

- 爱珍病了，今天上不了课了。
  Àizhēn bìng le, jīntiān shàngbuliǎo kè le.
  아이쩐은 아파서 오늘 수업을 들을 수 없게 되었다.

- 我看明天要下雨，颐和园还去得了吗?
  Wǒ kàn míngtiān yào xià yǔ, Yíhéyuán hái qùdeliǎo ma?
  내가 보기에 내일 비가 올 것 같은데 이허위안에 갈 수 있겠어요?

- 太长的句子我现在说不了。
  Tài cháng de jùzi wǒ xiànzài shuōbuliǎo.
  너무 긴 문장은 나는 아직 말하지 못한다.

(2) '了'는 동작의 완성을 나타내며, '동사 + 得/不 + 了'의 형식으로 쓰여 어떤 동작이 완성될 수 있음 또는 완성될 수 없음을 나타낸다.

- 太多了咱们吃不了。
  Tài duō le zánmen chībuliǎo.
  너무 많아서 우리는 다 먹을 수 없다.

- 今天的工作有点儿多，我一个人做不了。
  Jīntiān de gōngzuò yǒudiǎnr duō, wǒ yí ge rén zuòbuliǎo.
  오늘은 일이 좀 많아서 나 혼자서는 다 할 수 없다.

- 你喝得了这么多啤酒吗?
  Nǐ hēdeliǎo zhème duō píjiǔ ma?
  이렇게 많은 맥주를 다 마실 수 있어요?

5 越……越…… ~하면 할수록 ~하다

越辣我越喜欢。

'越……越……'는 뒤 상황이 앞 상황에 따라서 더욱 심화됨을 나타낸다.

- 雨越下越大了。
  Yǔ yuè xià yuè dà le.
  비가 점점 세차게 내린다.

- 我越想越觉得有意思。
  Wǒ yuè xiǎng yuè juéde yǒu yìsi.
  생각할수록 재미있다.

- 大人越批评，孩子越不听话。
  Dàren yuè pīpíng, háizi yuè bù tīnghuà.
  어른이 야단칠수록 아이는 말을 듣지 않는다.

6 有一点点 약간, 조금

就是有一点点咸。

'有一点点'은 '有(一)点儿'보다 정도가 더 가벼움을 나타낸다.

- 我们的教室很安静，就是有一点点热。
  Wǒmen de jiàoshì hěn ānjìng, jiùshì yǒu yìdiǎndiǎn rè.
  약간 덥긴 하지만 우리 교실은 매우 조용하다.

- 在这儿住不错，就是有一点点远。
  Zài zhèr zhù búcuò, jiùshì yǒu yìdiǎndiǎn yuǎn.
  약간 멀긴 하지만 여기에 사는 것은 매우 좋다.

'一点点'은 '一点儿'보다 수량이 더 적음을 나타낸다.

- 再给我一点点时间就够了。
  Zài gěi wǒ yìdiǎndiǎn shíjiān jiù gòu le.
  나에게 조금만 더 시간을 주면 된다.

- 她只喝了一点点，头就疼了。
  Tā zhǐ hē le yìdiǎndiǎn, tóu jiù téng le.
  그녀는 아주 조금밖에 안 마셨는데 머리가 아팠다.

내공 쌓기

1 괄호 안의 단어와 '又……又……' 구문을 사용하여 질문에 답해 보세요.

❶ A 林福民普通话说得怎么样?

B _____ （清楚 / 流利）

❷ A 小王的爱人会做饭吗?

B _____ （快 / 好）

❸ A 老张为什么喜欢钓鱼?

B _____ （能吃新鲜的鱼 / 能锻炼身体）

❹ A 你中午怎么总是吃方便面?

B _____ （省时间 / 省钱）

❺ A 李钟文最近怎么样?

B _____ （要上班 / 要学汉语）

> **普通话** pǔtōnghuà 몡 보통화 [현대 중국어의 표준어] | **清楚** qīngchu 혱 명확하다, 뚜렷하다 | **钓鱼** diàoyú 통 물고기를 낚다, 낚시하다 | **新鲜** xīnxiān 혱 신선하다, 싱싱하다 | **方便面** fāngbiànmiàn 몡 인스턴트 라면 | **省** shěng 통 아끼다, 절약하다

2 주어진 단어나 구를 활용하여 문장을 만들어 보세요.

一	到星期天 喝啤酒 生气 有舞会 有人请吃饭	就	去钓鱼 想睡觉 去公园 参加 高兴

3 다음은 '小张'이 오늘 한 일들입니다. 이 중 두 가지씩 선택하여 '一……就……' 형식의 문장으로 만들어 보세요.

上课	下课	进教室	去图书馆
起床	坐下	去吃饭	吃完饭

4 '동사+得/不+了' 형식으로 문장을 고쳐 보세요.

❶ 这么多菜，我吃不完。

→ _____

❷ 我的汉语水平不高，不能学C班的课本。

→ _____

❸ 我一个人不能拿这么多书。

→ _____

❹ 你能喝完10瓶啤酒吗？

→ _____

❺ 四川菜很辣，我不能吃。

→ _____

❻ 这个箱子不重，我能拿。

→ _____

> 课本 kèběn 명 교과서, 교재 | 箱子 xiāngzi 명 상자, 박스, 트렁크

5 괄호 안의 단어를 사용하여 '동사+得/不+好/完/到……' 형식으로 문장을 완성해 보세요.

❶ 他说话的声音太小了，我一点儿也_____。 （听清楚）

❷ 王老师说话既慢又清楚，_____。 （听懂）

❸ 我把钥匙放在书包里了，可是_____。 （找到）

❹ 师傅，我明天要骑车去长城，_____？ （修好）

❺ 这本书太厚了，_____。 （看完）

❻ 这件衣服上有很多菜汤，_____？ （洗干净）

> 声音 shēngyīn 명 소리, 목소리 | 钥匙 yàoshi 명 열쇠 | 厚 hòu 형 두껍다 | 菜汤 càitāng 명 야채국

6 '这么'를 사용하여 문장을 완성해 보세요.

❶ 你说得_____，我当然听得懂。

❷ 你说得_____，我一点儿也听不懂。

❸ 这个东西_____，我当然拿得了。

❹ 这些东西_____，我拿不了。

❺ 他骑车_____，半个小时一定到不了。

❻ 老师给我们的作业_____，今天晚上一定做不完。

7 이 과에서 배운 새 단어를 사용하여 빈칸을 채워 보세요.

① 这些问题真让人_____。

② 家里有_____的东西，妈妈总是先让孩子吃。

③ 在这儿生活一点儿也不_____，每个月要花很多钱。

④ 他最_____的中国歌是《月亮代表我的心》。

⑤ 我们学校里有树，有草，有花，_____很不错。

⑥ 这种葡萄酒的_____很特别。

⑦ 他在北京住了八年了，汉语说得很_____。

⑧ 林福民住在学校_____，每天走路来上课。

⑨ 我们楼里的服务员服务非常_____。

⑩ 他_____不知道，你告诉他吧。

葡萄酒 pútaojiǔ 명 포도주, 와인 | 服务 fúwù 동 봉사하다, 서비스하다

1. 다음은 린푸민과 식당 종업원이 나누는 대화입니다. 빈칸을 채워 대화를 완성해 보세요.

   린푸민　咱们就在这儿吃吧，这家的饭菜_____。

   친구　　行。我_____，还是你点吧。

   린푸민　这样吧，咱们_____问问服务员小姐，然后_____。

   종업원　二位，吃点儿什么?

   린푸민　_____拿手菜，好吗?

   종업원　_____。请问，辣的_____?

   린푸민　_____。不过，太_____就吃不了啦。

   종업원　你们来一个_____吧，有一点点_____。

   린푸민　行。有没有不辣的?

   종업원　_____不错，是_____味儿的，就是_____。

   린푸민　没关系。我爱吃_____。再来一个汤。

   종업원　_____?

   린푸민　够了。我们就两个人，_____。

2. 린푸민이 이 식당과 음식에 대해 친구와 대화하는 상황을 만들어 보세요.

학교 교정에서
在校园里
Zài xiàoyuán li

03

- **학습 목표**
  학교의 시설과 위치에 대해 설명할 수 있다.

- **표현 포인트**
  | 这是 | 原来……怪不得…… | 什么都 |
  | 这么 | 不但……而且…… | 为的是 |

단어 익히기 🎧 03-01

📘 회화 단어

随便 suíbiàn 명 아무렇게나, 편한 대로
转 zhuàn 동 둘러보다, 돌다
顺便 shùnbiàn 부 ~하는 김에
熟悉 shúxī 동 익히 알다, 충분히 알다
校园 xiàoyuán 명 교정, 캠퍼스
原来 yuánlái 부 알고 보니 형 원래의, 본래의
怪不得 guàibude 부 어쩐지, 과연
印象 yìnxiàng 명 인상
安静 ānjìng 형 조용하다, 고요하다
热闹 rènao 형 번화하다, 왁자지껄하다
操场 cāochǎng 명 운동장
部分 bùfen 명 부분, 일부(분)
地方 dìfang 명 장소, 곳
头 tóu 명 끝, 끝부분
发现 fāxiàn 동 발견하다, 알아차리다
洗衣店 xǐyīdiàn 명 세탁소
理发店 lǐfàdiàn 명 이발소, 이발관
方便 fāngbiàn 형 편리하다
拐 guǎi 동 방향을 바꾸다, 돌다
健身房 jiànshēnfáng 명 체육관, 헬스장
体育馆 tǐyùguǎn 명 체육관
锻炼 duànliàn 동 단련하다
小卖部 xiǎomàibù 명 매점, 간이식당
超市 chāoshì 명 슈퍼마켓, 마트
不但……而且…… búdàn…… érqiě…… ~할 뿐 아니라 ~하다

全 quán 형 완전하다, 완비하다
简单 jiǎndān 형 간단하다, 단순하다
丰富 fēngfù 형 풍부하다, 많다
酒吧 jiǔbā 명 바, 술집
咖啡厅 kāfēitīng 명 커피숍

✏️ 표현 단어

情况 qíngkuàng 명 상황, 정황
生词 shēngcí 명 새 단어
挣 zhèng 동 일해서 벌다

▶ 고유명사

麦克 Màikè 고유 마이크(Mike) [인명]

1 어디 가는 길이에요? 🎧 03-02

(아이쩐이 혼자 산책 중인 이종문을 만나다)

아이쩐 嗨，李钟文，你这是去哪儿？❶
Hēi, Lǐ Zhōngwén, nǐ zhè shì qù nǎr?

이종문 哦，是爱珍呀。我随便转转，顺便熟悉一下校园。
Ó, shì Àizhēn ya. Wǒ suíbiàn zhuànzhuan, shùnbiàn shúxī yíxià xiàoyuán.

아이쩐 原来是这样，怪不得这几天我经常看见你在校园里
Yuánlái shì zhèyàng, guàibude zhè jǐ tiān wǒ jīngcháng kànjiàn nǐ zài xiàoyuán li
转。❷ 你对校园的印象怎么样？
zhuàn. Nǐ duì xiàoyuán de yìnxiàng zěnmeyàng?

이종문 校园不太大，不过，环境很好，又安静又漂亮。
Xiàoyuán bú tài dà, búguò, huánjìng hěn hǎo, yòu ānjìng yòu piàoliang.

아이쩐 安静？你看那里，多热闹啊！
Ānjìng? Nǐ kàn nàli, duō rènao a!

이종문 那是操场，当然热闹！校园里大部分地方都很安静。
Nà shì cāochǎng, dāngrán rènao! Xiàoyuán li dàbùfen dìfang dōu hěn ānjìng.

아이쩐 走到头了。这个校园真小呀！
Zǒu dàotóu le. Zhège xiàoyuán zhēn xiǎo ya!

이종문 确实不大，不过，我发现校园里书店、洗衣店、
Quèshí bú dà, búguò, wǒ fāxiàn xiàoyuán li shūdiàn, xǐyīdiàn,
理发店……什么都有，非常方便。❸
lǐfàdiàn……shénme dōu yǒu, fēicháng fāngbiàn.

2 우체국이 어디에 있는지 아나요? 🎧 03-03

아이쩐 李钟文，你知道邮局在哪儿吗？
Lǐ Zhōngwén, nǐ zhīdào yóujú zài nǎr ma?

이종문 你看，那条路走到头，再往左一拐，就是邮局。
Nǐ kàn, nà tiáo lù zǒu dàotóu, zài wǎng zuǒ yì guǎi, jiùshì yóujú.

아이쩐 想不到你已经这么熟悉了！❹ 有没有健身房？
Xiǎngbudào nǐ yǐjīng zhème shúxī le!　　Yǒu méiyǒu jiànshēnfáng?

이종문 有，就在学校体育馆里边。每天下午都有很多人去
Yǒu, jiù zài xuéxiào tǐyùguǎn lǐbian.　Měi tiān xiàwǔ dōu yǒu hěn duō rén qù

那儿锻炼。
nàr duànliàn.

아이쩐 明天下午我也去看看。附近有没有商店？我说的
Míngtiān xiàwǔ wǒ yě qù kànkan. Fùjìn yǒu méiyǒu shāngdiàn? Wǒ shuō de

不是小卖部。
bú shì xiǎomàibù.

이종문 当然有。学校西门旁边有个大超市，里边不但有吃的、
Dāngrán yǒu. Xuéxiào xīmén pángbiān yǒu ge dà chāoshì, lǐbian búdàn yǒu chī de、

喝的，而且有穿的、用的，东西很全。❺
hē de, érqiě yǒu chuān de、yòng de, dōngxi hěn quán.

아이쩐 今天跟你一起散步真不错。
Jīntiān gēn nǐ yìqǐ sànbù zhēn búcuò.

不但熟悉了校园，
Búdàn shúxī le xiàoyuán,

而且练习了我的口语。
érqiě liànxí le wǒ de kǒuyǔ.

③ 중국 대학생들의 생활 변화 🎧 03-04

以前中国大学生的学习生活非常简单，可以说是
Yǐqián Zhōngguó dàxuéshēng de xuéxí shēnghuó fēicháng jiǎndān, kěyǐ shuō shì

"三点一线"——从宿舍到教室、图书馆，从教室、
"sān diǎn yí xiàn" —— cóng sùshè dào jiàoshì、túshūguǎn, cóng jiàoshì、

图书馆到食堂，再从食堂到宿舍。可是，现在大学生的
túshūguǎn dào shítáng, zài cóng shítáng dào sùshè。 Kěshì, xiànzài dàxuéshēng de

生活越来越丰富了，酒吧、咖啡厅、健身房都是他们
shēnghuó yuè lái yuè fēngfù le, jiǔbā、kāfēitīng、jiànshēnfáng dōu shì tāmen

常去的地方。他们不但很会玩儿，而且学习也都非常
cháng qù de dìfang。 Tāmen búdàn hěn huì wánr, érqiě xuéxí yě dōu fēicháng

努力。他们努力学习，为的是以后能找到一个好工作；❻
nǔlì。 Tāmen nǔlì xuéxí, wèideshì yǐhòu néng zhǎodào yí ge hǎo gōngzuò;

他们"努力"玩儿，是因为工作以后就没时间玩儿了。
tāmen "nǔlì" wánr, shì yīnwèi gōngzuò yǐhòu jiù méi shíjiān wánr le。

 **표현** 익히기

1 这是 지금

你这是去哪儿?

'(你)这是……'는 상대방이 현재 무엇을 하고 있는지 물을 때 쓰는 표현이다. 본문에서는 아이 쩐이 이종문 혼자 걷고 있는 것을 보고, 그가 어디로 가려고 하는지 물으려는 상황에서 이 표현을 썼다.

- **你这是画什么呢?**
  Nǐ zhè shì huà shénme ne?
  당신은 지금 뭘 그리고 있는 거예요?

- **小王这是要做什么呀?**
  Xiǎo Wáng zhè shì yào zuò shénme ya?
  샤오왕은 지금 뭘 하려고 하는 거죠?

2 原来……, 怪不得…… 알고 보니 ~했었구나. 어쩐지 ~하더라니

原来是这样, 怪不得这几天我经常看见你在校园里转。

'原来……, 怪不得……'에서 '原来'는 '알고 보니 ~했었구나'라는 의미로, 원인을 나타내는 절을 끌어내는 역할을 한다. '怪不得'는 '어쩐지 ~하더라니'라는 의미로, 화자가 이전에 이상하다고 느꼈던 일의 원인을 비로소 알게 되어, 더 이상 의문을 품지 않음을 나타낸다.

- A **智子，爱珍病了，咱们去看看她吧。**
  Zhìzǐ, Àizhēn bìng le, zánmen qù kànkan tā ba.
  토모코, 아이쩐이 병이 났으니 우리 그녀를 보러 가자.

  B **原来她病了，怪不得她今天没来上课呢。**
  Yuánlái tā bìng le, guàibude tā jīntiān méi lái shàngkè ne.
  병이 났었구나. 어쩐지 그녀가 오늘 수업에 오지 않았더라니.

- **原来他在法国住过，怪不得他这么了解法国的情况。**
  Yuánlái tā zài Fǎguó zhùguo, guàibude tā zhème liǎojiě Fǎguó de qíngkuàng.
  그가 프랑스에 살았었구나. 어쩐지 프랑스 상황에 대해서 너무 잘 알고 있더라니.

> ※ '原来……'가 뒤 절에 놓일 수도 있다.
>
> 怪不得你不知道，原来你昨天没去呀。
> Guàibude nǐ bù zhīdào, yuánlái nǐ zuótiān méi qù ya.
> 네가 왜 모르나 했더니, 어제 안 갔었구나.

3. 什么都 무엇이든 다

> 我发现校园里书店、洗衣店、理发店……什么都有，非常方便。

여기서 '什么'는 교정 안에 '무엇이 있는지'를 묻는 것이 아니라 '무엇이든 다 있다'라는 의미를 나타낸다. 이러한 의미로 쓰일 때는 일반적으로 뒤에 '都'나 '也'가 온다.

- 今天他去商店了，可是什么都/也没买。
  Jīntiān tā qù shāngdiàn le, kěshì shénme dōu/yě méi mǎi.
  오늘 그는 상점에 갔지만 아무것도 사지 않았다.

- A 你觉得咱们什么时候去好？
  Nǐ juéde zánmen shénme shíhou qù hǎo?
  당신이 보기에 우리 언제 가는 것이 좋을까요?

  B 随便，什么时候都行。
  Suíbiàn, shénme shíhou dōu xíng.
  마음대로 해요. 언제든지 다 괜찮아요.

'谁(누구)' '哪儿(어디)' 등의 의문대사도 같은 용법으로 사용할 수 있다.

- 谁都/也不知道李钟文去不去。
  Shéi dōu/yě bù zhīdào Lǐ Zhōngwén qù bu qù.
  이종문이 가는지 안 가는지 아무도 모른다.

- 哪儿都能买到这样的衣服。
  Nǎr dōu néng mǎidào zhèyàng de yīfu.
  어디에서든 이런 옷을 살 수 있다.

- 哪个书店都/也没有这种词典。
  Nǎge shūdiàn dōu/yě méiyǒu zhè zhǒng cídiǎn.
  어느 서점에도 이런 사전은 없다.

4 这么 이렇게

想不到你已经这么熟悉了！

중국어에서 '这么 + 형용사', '这么 + 조동사'는 정도가 높음이나 약간의 과장을 나타내며, 생동감을 더하는 작용을 한다.

- 想不到北京的夏天这么热！
  Xiǎngbudào Běijīng de xiàtiān zhème rè!
  베이징의 여름이 이렇게 더울 줄은 생각지도 못했어요!

- 生词这么多，今天学不完了。
  Shēngcí zhème duō, jīntiān xuébuwán le.
  새 단어가 이렇게 많으니 오늘 다 배울 수 없겠어요.

- 谢谢你送给我这么好的东西。
  Xièxie nǐ sònggěi wǒ zhème hǎo de dōngxi.
  내게 이렇게 좋은 물건을 선물해 줘서 고마워요.

- 都这么晚了，小王怎么还没回来？
  Dōu zhème wǎn le, Xiǎo Wáng zěnme hái méi huílái?
  이렇게 늦었는데, 샤오왕은 왜 아직 돌아오지 않은 거죠?

5 不但……，而且…… ~할 뿐 아니라 ~하다

里边不但有吃的、喝的，而且有穿的、用的，东西很全。

'不但……，而且……' 문장에서 '而且……' 절의 내용은 앞의 '不但……' 절의 내용보다 더 발전되었거나 더 많은 정보를 나타낸다.

- 她不但喜欢唱歌，而且唱得很好。
  Tā búdàn xǐhuan chànggē, érqiě chàng de hěn hǎo.
  그녀는 노래하는 것을 좋아할 뿐 아니라 노래를 잘 부른다.

- 我不但去过故宫，而且去过三次。
  Wǒ búdàn qùguo Gùgōng, érqiě qùguo sān cì.
  나는 고궁에 가 보기만 한 것이 아니라 세 번이나 가 봤다.

✳ 앞의 두 예문은 앞 절과 뒤 절의 공통된 주어가 '不但' 앞에 쓰였다. 그러나 아래 예문처럼 앞 절과 뒤 절의 주어가 다르다면, 앞 절의 주어는 '不但' 뒤에 와야 한다.

不但他会说汉语，**而且**他爸爸妈妈也会说一点儿汉语。
Búdàn tā huì shuō Hànyǔ, érqiě tā bàba māma yě huì shuō yìdiǎnr Hànyǔ.
그가 중국어를 할 줄 알 뿐 아니라 그의 부모님도 중국어를 조금 할 줄 아신다.

不但图书馆里有空调，**而且**教室和餐厅里也有。
Búdàn túshūguǎn li yǒu kōngtiáo, érqiě jiàoshì hé cāntīng li yě yǒu.
도서관에 에어컨이 있을 뿐 아니라 교실과 식당에도 있다.

6 为的是 ~하기 위해서이다

他们努力学习，**为的是**以后能找到一个好工作……

'为的是'와 '是为了'는 둘 다 어떤 일을 하는 목적을 나타낼 때 쓴다.

- 大家现在努力工作，**为的是**以后生活得更好。
  Dàjiā xiànzài nǔlì gōngzuò, wèideshì yǐhòu shēnghuó de gèng hǎo.
  지금 모두가 열심히 일하는 것은 나중에 더 잘 살기 위해서이다.

- 我这次来北京，**为的是**学好汉语。
  Wǒ zhè cì lái Běijīng, wèideshì xuéhǎo Hànyǔ.
  내가 이번에 베이징에 온 것은 중국어를 잘 배우기 위해서이다.

- 麦克努力工作，**为的是**挣更多的钱买房、买车。
  Màikè nǔlì gōngzuò, wèideshì zhèng gèng duō de qián mǎi fáng, mǎi chē.
  마이크가 열심히 일하는 것은 더 많은 돈을 벌어 집과 차를 사기 위해서이다.

내공 쌓기

1 '不但……, 而且……'를 사용하여 다음 그림의 상황을 설명해 보세요.

_____

_____

_____

_____

2 다음의 틀린 문장들을 바르게 고쳐 보세요.

❶ 智子不但知道了，而且别的同学也知道了。

  → _____

❷ 不但唱得很好听，而且喜欢唱歌。

  → _____

❸ 不但李钟文会说日语，而且李钟文会说汉语。

→ _____

❹ 他今天不但做了作业，而且吃了饭。

→ _____

❺ 我不但想吃日本菜，而且不想吃辣的菜。

→ _____

❻ 李钟文和爱珍在饭馆儿里不但吃饭而且谈话。

→ _____

3 주어진 단어를 사용하여 문장을 완성해 보세요.

| 为的是 | 顺便 | 随便 | 原来 | 怪不得 | 不过 | 确实 | 为了 |

❶ 他_____在一家公司工作，现在来这儿学习汉语。

❷ 您别太客气了，_____点几个菜就行了。

❸ 这件衣服真漂亮，_____有点儿大。

❹ 今天的菜_____很好吃，大家都非常喜欢。

❺ 他_____上课不迟到，每天早上6点起床。

❻ 这是他第四次来这个城市，这次来_____找工作。

❼ _____林福民口语这么好，_____他爸爸妈妈都说汉语。

❽ 爷爷每天早上去公园锻炼，回来的时候_____给全家人买早点。

客气 kèqi 형 겸손하다 동 사양하다 | 迟到 chídào 동 지각하다 | 城市 chéngshì 명 도시 | 早点 zǎodiǎn 명 (간단한) 아침 식사

4 주어진 구문을 사용하여 문장을 완성해 보세요.

> 一边……一边……　　又……又……　　先……然后……
> 不但……而且……　　一……就……

① 大家快坐下吧，_____吃_____说。

② 他每天_____到晚上10点_____睡觉。

③ 孩子_____看见妈妈_____高兴得笑了。

④ 我_____给那个饭馆儿打电话订座位，_____再通知王老师。

⑤ 他_____告诉了同学，_____告诉了老师。

⑥ _____我们班去了，_____别的班也去了。

⑦ 孩子看见妈妈来了，高兴得_____叫_____跳。

⑧ 他_____想去看电影，_____想去跳舞。

⑨ 李钟文_____有时间_____找中国朋友练习口语。

⑩ 你_____尝尝，_____再说好不好。

订 dìng 동 예약하다　｜　通知 tōngzhī 동 알리다, 통지하다

5 의문대사 '什么/哪儿/谁'와 '也/都'를 사용하여 문장을 완성해 보세요.

① _____，就在家里做作业！

② A 这几天谁看见小王了？
　 B _____。

③ A 周末你想去什么地方？
　 B _____。

❹ A 这件事你不要告诉别人，好吗？

　　B ＿＿＿＿＿＿＿＿＿＿＿＿＿＿＿＿＿＿。

❺ A 别客气！吃点儿什么？

　　B ＿＿＿＿＿＿＿＿＿＿＿＿＿＿＿＿＿＿。

❻ A 你打算什么时候去？

　　B ＿＿＿＿＿＿＿＿＿＿＿＿＿＿＿＿＿＿。

❼ A 买这件还是那件？

　　B ＿＿＿＿＿＿＿＿＿＿＿＿＿＿＿＿＿＿。

❽ 你在电话里说得太快了，＿＿＿＿＿＿＿＿＿＿＿＿＿＿＿＿。

6 이 과에서 배운 새 단어를 사용하여 빈칸을 채워 보세요.

❶ 我跟他只见过两次，对他不太＿＿＿＿＿＿。

❷ 我们是第一次见面，不过她给我的＿＿＿＿＿＿很好。

❸ 已经12点了，宿舍楼里非常＿＿＿＿＿＿。

❹ 我们学校的体育馆特别＿＿＿＿＿＿，因为同学们都很喜欢去那儿运动。

❺ 我们都非常努力，不过有＿＿＿＿＿＿学生不太努力。

❻ 学习外语，没有词典不＿＿＿＿＿＿。

❼ 以前学的课文比较＿＿＿＿＿＿，现在的有点儿难。

❽ 我们宿舍楼里有个＿＿＿＿＿＿，买东西很＿＿＿＿＿＿。

자유롭게 말하기

1 다음은 리우강이 사무실에 가는 길을 묻는 내용입니다. 빈칸을 채워 대화를 완성해 보세요.

리우강　请问，_____？

A　　　_____，我不是这个学校的，对这儿_____。

리우강　请问，我要_____，您知道在哪儿吗?

B　　　从这儿_____，看见一个红楼再_____，就_____。

리우강　我顺便再问一下，您知道外事处(wàishìchù, 외사처)在几层吗?

B　　　对不起，_____。你到了办公楼_____。

리우강　_____!

B　　　_____!

2 장잉은 이 학교의 중국인 학생입니다. 어제 그녀의 중학교 친구 리훙이 베이징으로 놀러와 그녀의 기숙사에 머물고 있습니다. 오늘 리훙은 학교 교정을 둘러보고 싶어 합니다. 다음 상황을 토대로 빈칸을 채워 대화를 완성해 보세요.

장잉　李红，你_____吗?

리훙　哦，没什么事儿，_____，顺便_____。

장잉　_____，那我跟你一起去吧，_____你转转我们学校。

리훙　_____! 你先说说你们学校大不大吧。

장잉　_____。你对我们学校的印象怎么样?

리훙　我觉得_____。

장잉　我也这样想，不过_____。

리훙　我不这样想。我觉得_____。

장잉　哟，_____，咱们拐弯(guǎiwān, 커브를 돌다)吧。

리훙　这个校园这么小，我看，_____。

장잉　不对，这个校园里边_____。

리훙　是吗? 你给我说说。

장잉　你看，_____吃饭、买东西、取钱、理发……干什么都很方便。

주거 문제

住的麻烦
Zhù de máfan

04

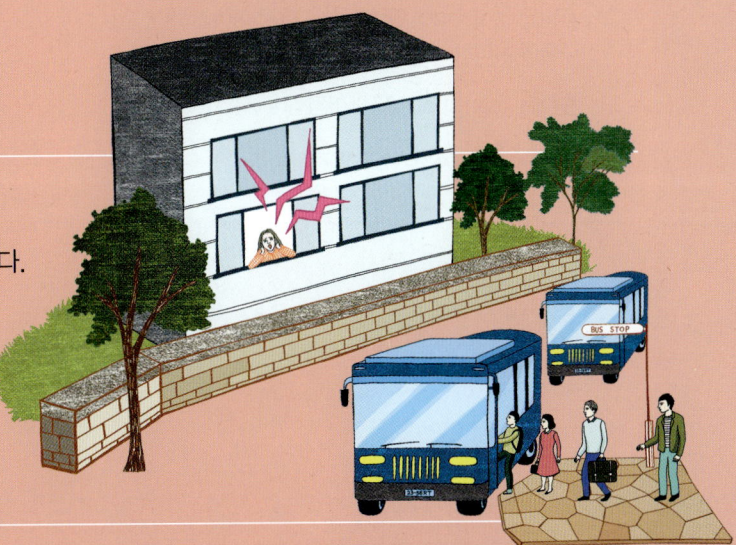

- **학습 목표**
  자신의 생활 환경에 대해 설명할 수 있다.

- **표현 포인트**
  才 | 偏偏 | 既……也……
  只 | 怎么 | 不是……吗
  或者……或者…… | 再说吧

단어 익히기 🎧 04-01

🔊 회화 단어

换 huàn 통 교환하다, 바꾸다, 교체하다

习惯 xíguàn 명 습관, 버릇 통 습관이 되다, 익숙해지다

完全 wánquán 부 완전히, 전부

结束 jiéshù 통 끝나다, 마치다

偏偏 piānpiān 부 마침, 공교롭게, 하필, 유독

同意 tóngyì 통 동의하다, 찬성하다

既 jì 접 ~할 뿐만 아니라, ~하고

精神 jīngshen 명 기력, 활력 형 활기차다, 생기발랄하다

临 lín 통 (어떤 장소에) 임하다, 면하다, 향하다

街 jiē 명 길, 거리

正 zhèng 형 곧다, 똑바르다 부 바로, 정확히

对 duì 통 향하다, 마주하다

吵 chǎo 통 떠들어 대다 형 시끄럽다

着 zháo 통 [동사 뒤에 놓여 목적이 달성되었거나 결과가 있음을 나타냄]

醒 xǐng 통 잠에서 깨다

办法 bànfǎ 명 방법, 수단, 조치

再说 zàishuō 통 (다음에) 다시 이야기하다, 나중에 처리하다, 나중에 생각하다

空调 kōngtiáo 명 에어컨

坏 huài 형 고장 나다, 망가지다

一直 yìzhí 부 똑바로, 계속해서, 줄곧

✏️ 표현 단어

电视剧 diànshìjù 명 드라마, 연속극

水平 shuǐpíng 명 수준

提高 tígāo 통 향상시키다, 높이다

회화 배우기

1 생활 습관의 차이 🎧 04-02

펄롱 没想到，才来一个星期，你跟服务员就很熟了。❶
Méi xiǎngdào, cái lái yí ge xīngqī, nǐ gēn fúwùyuán jiù hěn shú le.

이종문 哪儿呀！我想请服务员帮我换个房间。
Nǎr ya! Wǒ xiǎng qǐng fúwùyuán bāng wǒ huàn ge fángjiān.

펄롱 怎么了？你的房间有问题吗？
Zěnme le? Nǐ de fángjiān yǒu wèntí ma?

이종문 不是。我跟我的同屋生活习惯完全不一样。
Bú shì. Wǒ gēn wǒ de tóngwū shēnghuó xíguàn wánquán bù yíyàng.

펄롱 我想没什么关系吧，一个月以后学习就结束了。
Wǒ xiǎng méi shénme guānxi ba, yí ge yuè yǐhòu xuéxí jiù jiéshù le.

이종문 你不知道，晚上我睡觉的时候，他要学习；下午我
Nǐ bù zhīdào, wǎnshang wǒ shuìjiào de shíhou, tā yào xuéxí; xiàwǔ wǒ
学习的时候，他偏偏要睡觉！❷
xuéxí de shíhou, tā piānpiān yào shuìjiào!

펄롱 这确实得换。服务员同意给你换了吗？
Zhè quèshí děi huàn. Fúwùyuán tóngyì gěi nǐ huàn le ma?

이종문 她既没说同意，
Tā jì méi shuō tóngyì,
也没说不同意，❸
yě méi shuō bù tóngyì,
只说要等等。❹
zhǐ shuō yào děngdeng.

2 새로운 환경에 적응하기 🎧 04-03

졸라 今天你怎么这么没精神？
Jīntiān nǐ zěnme zhème méi jīngshen?

아이쩐 嗨！天天睡不好，怎么能有精神？❺
Hēi! Tiāntiān shuìbuhǎo, zěnme néng yǒu jīngshen?

졸라 怎么了？能说给我听听吗？
Zěnme le? Néng shuō gěi wǒ tīngting ma?

아이쩐 咱们的宿舍楼不是临街吗？❻ 我的房间正对着
Zánmen de sùshèlóu bú shì lín jiē ma? Wǒ de fángjiān zhèng duìzhe

公共汽车站。
gōnggòng qìchē zhàn.

졸라 我知道了，是公共汽车吵得你睡不好觉。
Wǒ zhīdào le, shì gōnggòng qìchē chǎo de nǐ shuì bu hǎo jiào.

아이쩐 没错。特别是我睡着后，一醒就睡不着了。
Méi cuò. Tèbié shì wǒ shuìzháo hòu, yì xǐng jiù shuìbuzháo le.

졸라 我看，你或者想办法换个房间，或者快点儿习惯新
Wǒ kàn, nǐ huòzhě xiǎng bànfǎ huàn ge fángjiān, huòzhě kuài diǎnr xíguàn xīn

环境。❼
huánjìng.

아이쩐 再说吧。❽ 现在我得想办法好好儿睡一觉。
Zàishuō ba. Xiànzài wǒ děi xiǎng bànfǎ hǎohāor shuì yí jiào.

❸ 고장 난 에어컨 🎧 04-04

这几天天气热极了，热得人吃不好也睡不好。
Zhè jǐ tiān tiānqì rè jíle, rè de rén chībuhǎo yě shuìbuhǎo.

飞龙的房间里有空调，可偏偏这两天坏了，热得他
Fēilóng de fángjiān li yǒu kōngtiáo, kě piānpiān zhè liǎng tiān huài le, rè de tā

一直到夜里两三点才能睡着觉。他走路、上课的时候，
yìzhí dào yè li liǎng sān diǎn cái néng shuìzháo jiào. Tā zǒulù、shàngkè de shíhou,

一点儿精神也没有。服务员说，今天就给他的房间
yìdiǎnr jīngshen yě méiyǒu. Fúwùyuán shuō, jīntiān jiù gěi tā de fángjiān

换新空调。飞龙想，这下好了，今天晚上一定能睡个
huàn xīn kōngtiáo. Fēilóng xiǎng, zhè xià hǎo le, jīntiān wǎnshang yídìng néng shuì ge

好觉。
hǎo jiào.

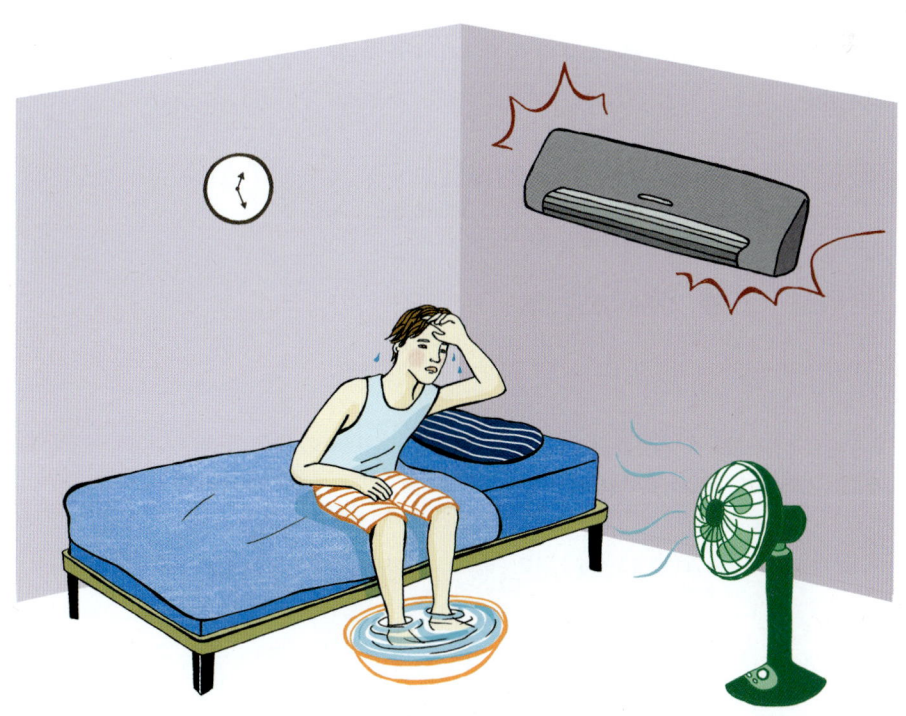

표현 익히기

1 才 겨우, ~밖에, ~에서야

> **才**来一个星期，你跟服务员就很熟了。

부사 '才'는 다음과 같이 두 가지 의미로 쓰인다.

(1) 才(+동사)+수량: '才'는 양이 적음을 나타낸다.

- 他上大学的时候**才**16岁。
  Tā shàng dàxué de shíhou cái shíliù suì.
  그가 대학에 들어갔을 때 겨우 열여섯 살이었다.

- 这件衣服**才**花了50块钱。
  Zhè jiàn yīfu cái huā le wǔshí kuài qián.
  이 옷은 50위안밖에 안 한다.

- 他**才**学了三个月，就能上中级班了。
  Tā cái xué le sān ge yuè, jiù néng shàng zhōngjíbān le.
  그는 3개월밖에 배우지 않았는데 중급반으로 올라갔다.

(2) 수량+才+동사: '才'는 하기 쉽지 않음, 시간이 오래 걸림, 일의 발생이나 종료가 늦음 등을 나타낸다.

- 他花了两个小时**才**做完今天的作业。
  Tā huā le liǎng ge xiǎoshí cái zuò wán jīntiān de zuòyè.
  그는 두 시간 만에야 오늘의 숙제를 끝마쳤다.

- 老师说了三遍，我们**才**听懂。
  Lǎoshī shuō le sān biàn, wǒmen cái tīngdǒng.
  선생님께서 세 번이나 말씀하시고 나서야 우리는 겨우 알아들었다.

> ✽ 다음 문장 속 두 개의 '才'는 각각 다른 의미로 쓰였다.
> 我们坐出租车去，**才**20分钟就到了；他们坐公共汽车去，坐了一个小时**才**到。
> Wǒmen zuò chūzūchē qù, cái èrshí fēnzhōng jiù dào le; tāmen zuò gōnggòng qìchē qù, zuò le yí ge xiǎoshí cái dào.
> 우리는 택시를 타고 가서 20분만에 도착했고, 그들은 버스를 타고 가서 한 시간이 걸려서야 도착했다.

2 偏偏 마침, 공교롭게, 하필, 유독

下午我学习的时候，他偏偏要睡觉！

부사 '偏偏'은 다음과 같이 두 가지 의미로 쓰인다.

(1) 어떤 사실이 자신의 바람과 같지 않거나 상반됨을 나타낸다.

- 我昨天找了你好几次，你偏偏都不在。
  Wǒ zuótiān zhǎo le nǐ hǎo jǐ cì, nǐ piānpiān dōu bú zài.
  나는 어제 너를 몇 번이나 찾았었는데, 너는 공교롭게 그때마다 없었다.

- 我原来想明天去故宫，偏偏今天生病了。
  Wǒ yuánlái xiǎng míngtiān qù Gùgōng, piānpiān jīntiān shēngbìng le.
  나는 원래 내일 고궁에 가고 싶었는데, 하필 오늘 병이 났다.

- 他今天起床很晚，去上课的路上偏偏自行车又坏了。
  Tā jīntiān qǐchuáng hěn wǎn, qù shàngkè de lùshang piānpiān zìxíngchē yòu huài le.
  그는 오늘 늦잠을 잤는데, 수업 들으러 가는 길에 하필 자전거도 고장 났다.

(2) '只有(오직)' '仅仅(단지)'의 의미로, 어떤 특수한 상황에 대해 불만의 어감을 나타내기도 한다.

- 大家都到了，偏偏小王没来。
  Dàjiā dōu dào le, piānpiān Xiǎo Wáng méi lái.
  모두 도착했는데 오직 샤오왕만 오지 않았다.

- 别人用的时候都没问题，偏偏我用的时候坏了。
  Biérén yòng de shíhou dōu méi wèntí, piānpiān wǒ yòng de shíhou huài le.
  다른 사람이 사용할 때에는 문제가 없었는데, 하필 내가 사용할 때 고장 났다.

3 既……, 也…… ~하고 (또) ~하다

她既没说同意，也没说不同意……

'既……, 也……'는 병렬된 동사나 동사구를 연결시켜 두 가지 상황이 동시에 존재함을 강조한다. 뒤 절은 앞 절의 내용을 보충 설명한다.

- 学习外语，既要练习听、说，也要练习读、写。
  Xuéxí wàiyǔ, jì yào liànxí tīng, shuō, yě yào liànxí dú, xiě.
  외국어를 배울 때에는 듣기와 말하기를 연습해야 하고, 읽기와 쓰기도 연습해야 한다.

- 我的同屋既不会汉语，也不会英语。
  Wǒ de tóngwū jì bú huì Hànyǔ, yě bú huì Yīngyǔ.
  내 룸메이트는 중국어도 할 줄 모르고, 영어도 할 줄 모른다.

- 她既喜欢唱歌，也喜欢跳舞。
  Tā jì xǐhuan chànggē, yě xǐhuan tiàowǔ.
  그녀는 노래하는 것도 좋아하고, 춤추는 것도 좋아한다.

4 只 단지, 다만, 오직

只说要等等。

부사 '只'는 동사 앞에서 유일한 상황이나 범위를 나타낸다.

- 今天我只有口语课。
  Jīntiān wǒ zhǐ yǒu kǒuyǔ kè.
  오늘 나는 말하기 수업만 있다.

- 学汉语不能只学口语不学汉字。
  Xué Hànyǔ bù néng zhǐ xué kǒuyǔ bù xué Hànzì.
  중국어를 배울 때, 말하기만 배우고 한자를 배우지 않을 수는 없다.

5 怎么 어떻게, 어째서

天天睡不好，怎么能有精神?

'怎么'는 반어문에 주로 쓰이는데, 반어문은 대답을 원하는 것이 아니라 일종의 강조를 표시하는 방법이다. 주로 '주어 + 怎么/哪 + 동사/동사구'의 구조로 쓰인다.

주어 + 怎么/哪 + 동사/동사구(긍정형) → 부정의 의미 강조
주어 + 怎么/哪 + 동사/동사구(부정형) → 긍정의 의미 강조

- 从来没有人告诉过我，我怎么/哪知道?
  Cónglái méiyǒu rén gàosuguo wǒ, wǒ zěnme/nǎ zhīdào?
  지금까지 아무도 나에게 알려 주지 않았는데 내가 어떻게 알겠어요? (당연히 모른다)

- 这么忙，哪有时间啊?
  Zhème máng, nǎ yǒu shíjiān a?
  이렇게 바쁜데 시간이 어디 있어요? (시간이 없다)

- 学外语怎么/哪能不说话啊?
  Xué wàiyǔ zěnme/nǎ néng bù shuōhuà a?
  외국어를 배우는데 어떻게 말하기를 안 할 수가 있죠? (당연히 말하기를 해야 한다)

- 他怎么不知道? 昨天他还对我说起过这件事。
  Tā zěnme bù zhīdào? Zuótiān tā hái duì wǒ shuōqǐguo zhè jiàn shì.
  그가 어떻게 모를 수가 있어요? 어제 그가 나에게 이 일에 대해 또 말했었는데. (그는 당연히 안다)

6 不是……吗 ~이 아닌가?(~이다)

咱们的宿舍楼不是临街吗?

'不是……吗' 역시 반어문 형식으로 긍정을 나타내며, 의미를 강조한다.

- 你不是来过这儿吗?
  Nǐ bú shì láiguo zhèr ma?
  당신은 여기에 와 보지 않았어요? (당신은 여기에 와 봤다)

- 今天去或者明天去不是一样吗?
  Jīntiān qù huòzhě míngtiān qù bú shì yíyàng ma?
  오늘 가나 내일 가나 마찬가지 아닌가요? (오늘 가나 내일 가나 마찬가지이다)

- 那个电影你不是看过吗? 为什么还要去看?
  Nàge diànyǐng nǐ bú shì kànguo ma? Wèi shénme hái yào qù kàn?
  저 영화 보지 않았어요? 왜 또 보러 가려고 해요? (당신은 저 영화를 봤다)

- 这不就是你的书吗?
  Zhè bú jiù shì nǐ de shū ma?
  이거 당신 책 아니에요? (이것은 당신 책이다)

7 或者……，或者…… ～하거나 ～하거나

你**或者**想办法换个房间，**或者**快点儿习惯新环境。

'或者……，或者……'는 선택관계를 나타내는 접속사로, 평서문에서만 쓸 수 있다. 앞뒤 절의 주어가 다를 때에는 '或者'를 주어 앞에 써야 한다.

- 你或者今天下午来，或者明天上午来，都行。
  Nǐ huòzhě jīntiān xiàwǔ lái, huòzhě míngtiān shàngwǔ lái, dōu xíng.
  오늘 오후에 와도 되고 내일 오전에 와도 돼요.

- 今天晚上去看电影，咱们或者坐公共汽车，或者打车，随便。
  Jīntiān wǎnshang qù kàn diànyǐng, zánmen huòzhě zuò gōnggòng qìchē, huòzhě dǎchē, suíbiàn.
  오늘 저녁에 영화 보러 갈 때, 우리 버스를 타든지 택시를 타든지 편한 대로 해요.

- 或者你来，或者我去，都行。
  Huòzhě nǐ lái, huòzhě wǒ qù, dōu xíng.
  네가 와도 되고 내가 가도 돼.

8 再说吧 다시 이야기하자, 나중에 처리하자

再说吧。

'再说吧'는 어떤 일에 대해 지금 생각하거나 실행하지 않고, 이후 적당한 때에 다시 할 것임을 의미한다. 앞에 미래의 시간과 관련된 단어를 추가하여 '以后再说吧' '等……(的时候)再说吧' 등의 형식으로도 쓸 수 있다.

- 今天不想洗衣服，明天再说吧。
  Jīntiān bù xiǎng xǐ yīfu, míngtiān zàishuō ba.
  오늘 옷을 빨기 싫으니 내일 처리하자.

- 我现在还看不懂汉语电视剧，等我的汉语水平提高了再说吧。
  Wǒ xiànzài hái kàn bu dǒng Hànyǔ diànshìjù, děng wǒ de Hànyǔ shuǐpíng tígāo le zàishuō ba.
  나는 지금 여전히 중국어 드라마를 알아들을 수 없으니, 내 중국어 실력이 좋아지면 그때 다시 생각해 보자.

내공 쌓기

1 '既……也……' 또는 '或者……或者……'를 사용하여 A와 B를 연결시켜 보세요.

A	B
看电影	打球
吃中国菜	吃日本菜
星期一到	星期二到
学习经济	学习文学
没去上课	没去看病
同意爸爸的意见	同意妈妈的意见
自己用	送给别人
喜欢自己一个人玩儿	喜欢跟朋友一起玩儿
上班工作	做饭、洗衣服
喜欢玩儿	喜欢学习

经济 jīngjì 명 경제 | 意见 yìjiàn 명 의견 | 文学 wénxué 명 문학

2 다음 문장을 반어문 형식으로 고쳐 보세요.

❶ 你去过那个地方，你应该知道怎么走。

→ _____

❷ 你是美国人，应该知道乔治·华盛顿是谁。

→ _____

❸ 现在天天上班，一点儿时间也没有。

→ _____

❹ 别找了，你的书在这儿。

→ _____

❺ 他既没学过法语，也没去过法国，听不懂。

→ _____

❻ 我不知道，没有人跟我说过。

→ _____

❼ 你是来学汉语的，应该多说汉语。

→ _____

❽ 他从来没学过汉语，一点儿也不会。

→ _____

乔治·华盛顿 Qiáozhì·Huáshèngdùn 고유 조지 워싱턴 [미국 제1대 대통령]

3 괄호 안의 단어를 사용하여 문장을 완성해 보세요.

❶ 我给他打了好几次电话，可是_____。（偏偏）

❷ 昨天我去找你，_____。（偏偏）

❸ 大家都来了，_____。（偏偏）

❹ 他每天上课都带着词典，_____。（偏偏）

❺ 爱珍刚开始学京剧，还不能表演，_____。（再说）

❻ 今天经理不在，你的问题我不能解决，_____。（再说）

❼ _____，应该吃各种东西。 （只）

❽ 大家问他怎么了，_____，什么也不说。 （只）

> 表演 biǎoyǎn 동 연기하다 | 经理 jīnglǐ 명 지배인, 사장, 매니저 | 解决 jiějué 동 해결하다

4 빈칸에 '才'나 '就'를 넣어 문장을 완성해 보세요.

❶ 我今天8:00_____到教室，飞龙7:50_____到了。

❷ 爱珍听了一遍_____听懂了，李钟文听了三遍_____听懂。

❸ 昨天的作业我花了20分钟_____做完了。

❹ 他走了40分钟_____走到。

❺ 老师一说他_____明白了。

❻ 小张说了半天我们_____明白他的意思。

❼ 小张_____说了一句话，我们明白了。

❽ 写昨天的作业我_____花了20分钟。

❾ 这台空调_____用了两个星期_____坏了。

❿ 我今天_____学会这个词的用法。

> 明白 míngbai 동 이해하다, 알다 | 用法 yòngfǎ 명 용법, 사용 방법

04 住的麻烦　65

5 다음 문장을 읽고 맞으면 ○, 틀리면 ×를 표시해 보세요.

① 我一直不知道你是法国来的留学生。　　　　　　　　　　（　　）

② 他希望能在北京一直住到明年。　　　　　　　　　　　　（　　）

③ 李钟文不是一直在这儿学习汉语, 9月以后他要去天津。　（　　）

④ 这件事一直他没告诉他的朋友。　　　　　　　　　　　　（　　）

⑤ 他从来在法国住，没有去过别的国家。　　　　　　　　　（　　）

⑥ 他和他的女朋友从来不喝红酒。　　　　　　　　　　　　（　　）

⑦ 他希望从来不生病。　　　　　　　　　　　　　　　　　（　　）

⑧ 20多年了，我从来没见过这样的人。　　　　　　　　　　（　　）

⑨ 从早上到现在，我从来没吃东西。　　　　　　　　　　　（　　）

⑩ 来这儿以前，他从来不吃辣的，现在他特别喜欢吃辣的了。（　　）

> 天津 Tiānjīn 고유 톈진 [지명] ｜ 红酒 hóngjiǔ 명 붉은 포도주, 레드 와인

6 이 과에서 배운 새 단어를 사용하여 빈칸을 채워 보세요.

① 这家饭馆儿人太多了，咱们_____一家吧。

② 你的想法很好，我_____同意。

③ 你穿这件衣服特别_____。

④ 我住的那个楼_____着一家电影院。

⑤ 体育馆太_____，我没听见电话铃声。

⑥ 已经8点了，快叫_____他。

> 铃声 língshēng 명 벨소리

자유롭게 말하기

1. 그림의 상황을 보고, '你怎么了?'로 시작하는 대화를 만들어 보세요.

중국 명승지와 명언

화산을 오르는 길은 하나밖에 없다.
自古华山一条道。
Zìgǔ Huáshān yì tiáo dào.

화산 华山

어떻게 가는 것이 좋을까요?

怎么去好?
Zěnme qù hǎo?

05

- **학습 목표**
  각 교통수단의 장단점을 설명할 수 있다.

- **표현 포인트**
  差不多 | 比 | 腻 | 要是 |
  千万 | 因为……, 所以…… | 再说

단어 익히기 🎧 05-01

🔊 **회화 단어**

差不多 chàbuduō 부 거의, 대략

建议 jiànyì 명 건의, 제안 동 건의하다, 제안하다

挤 jǐ 형 빽빽하다, 붐비다 동 밀치다, 비집다

腻 nì 동 물리다, 싫증나다

停 tíng 동 멈추다, 서다

歇 xiē 동 휴식하다, 쉬다

主意 zhǔyi 명 방법, 의견, 생각

路 lù 명 노선, 길

地图 dìtú 명 지도

倒 dǎo 동 바꾸다, 전환하다

千万 qiānwàn 부 반드시, 꼭, 제발

堵(车) dǔ(chē) 동 (차가) 막히다, 밀리다

市区 shìqū 명 시내, 시가 지역

沿途 yántú 명 길가

邀请 yāoqǐng 동 초대하다, 초청하다

周末 zhōumò 명 주말

郊区 jiāoqū 명 교외, 시외

技术 jìshù 명 기술

敢 gǎn 조동 감히 ~하다

打(车) dǎ(chē) 동 (차를) 잡다, 택시를 잡아타다

发现 fāxiàn 동 발견하다, 나타내다

刚刚 gānggāng 부 지금, 막, 방금

通车 tōngchē 동 (철도나 도로가) 개통하다

线路 xiànlù 명 노선, 경로

决定 juédìng 명 결정, 결심 동 결정하다, 결심하다

做客 zuòkè 동 손님이 되다, 손님으로 방문하다

✏️ **표현 단어**

想家 xiǎngjiā 집을 그리워하다

感冒 gǎnmào 동 감기에 걸리다 명 감기

窗户 chuānghu 명 창, 창문

▶ **고유명사**

张英 Zhāng Yīng 고유 장잉 [인명]

季红 Jìhóng 고유 지홍 [인명]

香山 Xiāngshān 고유 샹산 [지명]

天坛 Tiāntán 고유 톈탄

颐和园 Yíhéyuán 고유 이허위안

黄勇 Huáng Yǒng 고유 황융 [인명]

회화 배우기

1 우리 어디로 놀러 갈까요? 🎧 05-02

장잉 季红，今天咱俩去哪儿玩儿？
Jìhóng, jīntiān zán liǎ qù nǎr wánr?

지훙 有名的地方差不多都去过了，❶ 只有香山和天坛
Yǒumíng de dìfang chàbuduō dōu qùguo le, zhǐyǒu Xiāngshān hé Tiāntán

公园还没去。
Gōngyuán hái méi qù.

장잉 香山比天坛近一些，❷ 我建议今天去香山。
Xiāngshān bǐ Tiāntán jìn yìxiē, wǒ jiànyì jīntiān qù Xiāngshān.

지훙 行啊。 那咱们怎么去呢？
Xíng a.　Nà zánmen zěnme qù ne?

장잉 坐公交或者骑车都行，你说吧。
Zuò gōngjiāo huòzhě qí chē dōu xíng, nǐ shuō ba.

지훙 坐公交太挤了。 这几天我天天坐，已经坐腻了。❸
Zuò gōngjiāo tài jǐ le.　Zhè jǐ tiān wǒ tiāntiān zuò, yǐjīng zuò nì le.

장잉 不想坐公交，那咱们就骑车去。
Bù xiǎng zuò gōngjiāo, nà zánmen jiù qí chē qù.

지훙 骑车去有点儿远，而且还有山路。
Qí chē qù yǒudiǎnr yuǎn, érqiě hái yǒu shānlù.

장잉 没关系，要是累了，咱们就停下来歇会儿。❹
Méi guānxi, yàoshi lèi le, zánmen jiù tíng xiàlai xiē huìr.

지훙 去可能没问题，回来的时候就很难说啦。
Qù kěnéng méi wèntí, huílái de shíhou jiù hěn nánshuō la.

장잉 要是骑不动了，咱们就在路上找个饭馆儿先吃饭。
Yàoshi qíbudòng le, zánmen jiù zài lùshang zhǎo ge fànguǎnr xiān chī fàn.

2 우리 어떻게 갈까요? 🎧 05-03

모치즈키 明天星期六，咱俩去香山玩儿玩儿，怎么样？
Míngtiān xīngqīliù, zán liǎ qù Xiāngshān wánrwanr, zěnmeyàng?

아이쩐 好主意。你说咱们怎么去呢？
Hǎo zhǔyi. Nǐ shuō zánmen zěnme qù ne?

모치즈키 坐公共汽车吧。去香山坐几路车啊？
Zuò gōnggòng qìchē ba. Qù Xiāngshān zuò jǐ lù chē a?

아이쩐 我用手机上网查查地图，咱们一起看看。
Wǒ yòng shǒujī shàngwǎng chácha dìtú, zánmen yìqǐ kànkan.

모치즈키 啊，先坐375路到颐和园，然后再倒331，
À, xiān zuò sān qī wǔ lù dào Yíhéyuán, ránhòu zài dǎo sān sān yāo,

坐到头就到了。没想到这么方便。
zuò dàotóu jiù dào le. Méi xiǎngdào zhème fāngbiàn.

아이쩐 明天路上千万别堵车。❺ 上次去故宫，堵了差不多
Míngtiān lùshang qiānwàn bié dǔchē. Shàng cì qù Gùgōng, dǔ le chàbuduō

一个小时！
yí ge xiǎoshí!

모치즈키 那是因为故宫在市区，沿途都是热闹的地方，所以
Nà shì yīnwèi Gùgōng zài shìqū, yántú dōu shì rènao de dìfang, suǒyǐ

很容易堵车。❻
hěn róngyì dǔchē.

3 황융의 집으로 가는 방법 🎧 05-04

飞龙的朋友黄勇邀请飞龙周末去他家里玩儿。
Fēilóng de péngyou Huáng Yǒng yāoqǐng Fēilóng zhōumò qù tā jiā li wánr.

黄勇的家在郊区，骑车去有点儿远。再说，飞龙骑车
Huáng Yǒng de jiā zài jiāoqū, qí chē qù yǒudiǎnr yuǎn. Zàishuō, Fēilóng qí chē

的技术不高，他不敢骑车去。❼ 坐公共汽车也不方便，
de jìshù bù gāo, tā bù gǎn qí chē qù. Zuò gōnggòng qìchē yě bù fāngbiàn,

得倒好几次车。打车呢？几十公里，太贵，而且路上可能
děi dǎo hǎo jǐ cì chē. Dǎchē ne? Jǐ shí gōnglǐ, tài guì, érqiě lùshang kěnéng

会堵车。飞龙上网查了一下地图，发现有一条刚刚通车
huì dǔchē. Fēilóng shàngwǎng chá le yíxià dìtú, fāxiàn yǒu yì tiáo gānggāng tōngchē

的地铁线路就到黄勇家附近，出了地铁站走路只要
de dìtiě xiànlù jiù dào Huáng Yǒng jiā fùjìn, chū le dìtiě zhàn zǒu lù zhǐyào

十分钟。最后飞龙决定坐地铁去黄勇家做客。
shí fēnzhōng. Zuìhòu Fēilóng juédìng zuò dìtiě qù Huáng Yǒng jiā zuòkè.

표현 익히기

1 差不多 거의, 대략

有名的地方差不多都去过了……

'差不多'는 서로 큰 차이 없이 비슷하다는 의미를 나타낸다.

- 咱们俩差不多高。
  Zánmen liǎ chàbuduō gāo.
  우리 둘은 키가 비슷하다.

- 头发差不多都白了。
  Tóufa chàbuduō dōu bái le.
  머리가 거의 하얗게 세었다.

- 今天差不多来了200人。
  Jīntiān chàbuduō lái le liǎngbǎi rén.
  오늘 거의 200명이 왔다.

- 季红差不多等了半个小时。
  Jìhóng chàbuduō děng le bàn ge xiǎoshí.
  지홍은 거의 30분을 기다렸다.

> ※ '差不多'는 수량 앞에도 쓸 수 있다.
>
> 教室里坐了差不多20人。
> Jiàoshì li zuò le chàbuduō èrshí rén.
> 교실에는 약 20명 가량이 앉아 있다.
>
> 差不多一半的同学都去过了。
> Chàbuduō yíbàn de tóngxué dōu qùguo le.
> 친구들 중 거의 반 정도는 모두 가 봤다.

2 比 ~보다

香山比天坛近一些……

'比'는 비교를 나타내는 개사이며, 주로 'A + 比 + B + 형용사'의 구조로 쓰인다. 형용사 뒤에 구체적인 차이를 나타내는 수량보어 '得多' '多了' '一点' 등이 올 수 있다.

- 哥哥比弟弟大。
  Gēge bǐ dìdi dà.
  형이 동생보다 나이가 많다.

- 哥哥比弟弟大三岁。
  Gēge bǐ dìdi dà sān suì.
  형이 동생보다 세 살 많다.

- 这种西瓜比那种便宜。
  Zhè zhǒng xīguā bǐ nà zhǒng piányi.
  이런 종류의 수박은 저런 종류보다 싸다.

- 这种西瓜比那种便宜得多。
  Zhè zhǒng xīguā bǐ nà zhǒng piányi de duō.
  이런 종류의 수박은 저런 종류보다 훨씬 싸다.

- 走路去比骑车去慢多了。
  Zǒulù qù bǐ qí chē qù màn duō le.
  걸어가는 것이 자전거를 타고 가는 것보다 훨씬 느리다.

- 走路去比骑车去慢半个小时。
  Zǒulù qù bǐ qí chē qù màn bàn ge xiǎoshí.
  걸어가는 것이 자전거를 타고 가는 것보다 30분 정도 느리다.

> ✻ 정도의 차이를 나타낼 때는 형용사 앞에 '还'와 '更'만을 쓸 수 있으며, '很' '非常' '特别' 등은 쓸 수 없다.
> (他的宿舍很干净,) 我的宿舍比他的更干净。
> (Tā de sùshè hěn gānjìng,) Wǒ de sùshè bǐ tā de gèng gānjìng.
> (그의 기숙사는 매우 깨끗하다.) 내 기숙사는 그의 기숙사보다 더 깨끗하다.
>
> (姐姐挺漂亮,) 妹妹比姐姐还漂亮。
> (Jiějie tǐng piàoliang,) Mèimei bǐ jiějie hái piàoliang.
> (언니는 매우 예쁘다.) 여동생은 언니보다 더 예쁘다.

'比'는 일부 동사술어문에서도 쓸 수 있다.

- 他比韩国人更喜欢吃辣的。
  Tā bǐ Hánguó rén gèng xǐhuan chī là de.
  그는 한국인보다 더 매운 것을 좋아한다.

- 爱珍比望月还想家。
  Àizhēn bǐ Wàngyuè hái xiǎngjiā.
  아이쩐은 모치즈키보다 더 집을 그리워한다.

> ✻ 동사 뒤에 정도보어가 있을 때, '比+B'는 동사 앞에 올 수도 있고, 보어 앞에 올 수도 있다.
> 今天李钟文比老师来得早。/ 今天李钟文来得比老师早。
> Jīntiān Lǐ Zhōngwén bǐ lǎoshī lái de zǎo. / Jīntiān Lǐ Zhōngwén lái de bǐ lǎoshī zǎo.
> 오늘 이종문은 선생님보다 빨리 왔다.
>
> 林福民比我说得流利。/ 林福民说得比我流利。
> Lín Fúmín bǐ wǒ shuō de liúlì. / Lín Fúmín shuō de bǐ wǒ liúlì.
> 린푸민은 나보다 더 유창하게 말한다.

3 腻 싫증나다, 물리다

这几天我天天坐，已经坐腻了。

'腻'는 반복해서 어떤 일을 하고 나서 싫증나고 질려서 다시는 하고 싶지 않음을 나타낸다.

- 天天吃方便面，我都吃腻了。
  Tiāntiān chī fāngbiànmiàn, wǒ dōu chī nì le.
  매일 라면을 먹어서 나는 질려버렸다.

- 这种电视剧我已经看腻了。
  Zhè zhǒng diànshìjù wǒ yǐjīng kàn nì le.
  이런 드라마는 이미 질리도록 보았다.

4 要是 만약 ~하면

要是累了，咱们就停下来歇会儿。

접속사 '要是'는 '如果'와 같은 의미로, 앞 절에 쓰여 가설을 제시하고 뒤 절에서는 그 상황에서 일어날 수 있는 결과를 설명한다. 뒤 절의 앞부분에는 '就' '那' '那么' 등의 단어가 주로 나온다.

- 明天要是下雨，(那)我们就不去了。
  Míngtiān yàoshi xià yǔ, (nà) wǒmen jiù bú qù le.
  내일 만약 비가 오면 우리 가지 말아요.

- 昨天你要是来这儿，你就能看见他了。
  Zuótiān nǐ yàoshi lái zhèr, nǐ jiù néng kànjiàn tā le.
  네가 만약 어제 여기 왔더라면 그를 볼 수 있었을 것이다.

- 要是不想今天去，那(么)就明天去吧。
  Yàoshi bù xiǎng jīntiān qù, nà(me) jiù míngtiān qù ba.
  만약 오늘 가고 싶지 않다면 내일 가요.

5 千万 반드시, 꼭, 제발

明天路上**千万**别堵车。

'千万'은 '必须(반드시)' '一定(꼭)'의 의미를 나타내며, 누구에게 무엇을 간절히 부탁하거나 희망을 나타낼 때 쓴다. 뒤에는 일반적으로 '要' 또는 부정사가 온다.

- 明天的晚会你**千万**要来呀。
  Míngtiān de wǎnhuì nǐ qiānwàn yào lái ya.
  내일 이브닝 파티에 당신 꼭 와야 해요.

- 这事**千万**别忘了。
  Zhè shì qiānwàn bié wàng le.
  이 일을 절대 잊지 마세요.

- 对客人**千万**不能说这样的话。
  Duì kèrén qiānwàn bù néng shuō zhèyàng de huà.
  손님에게는 절대로 이런 말을 하면 안 된다.

- 明天可**千万**别下雨。
  Míngtiān kě qiānwàn bié xià yǔ.
  내일 제발 비가 오지 말아야 할 텐데.

6 因为……，所以…… ~때문에 그래서 ~하다

那是**因为**故宫在市区，沿途都是热闹的地方，**所以**很容易堵车。

'因为……，所以……'는 사건의 원인과 결과를 표현할 때 자주 쓰인다. '因为……'로 시작하는 앞 절은 원인을, '所以……'로 시작하는 뒤 절은 결과를 나타낸다.

- 他**因为**感冒了，**所以**今天没来上课。
  Tā yīnwèi gǎnmào le, suǒyǐ jīntiān méi lái shàngkè.
  그는 감기 걸려서 오늘 수업에 오지 않았다.

- **因为**昨天晚上睡得很晚，**所以**他今天8:30才起床。
  Yīnwèi zuótiān wǎnshang shuì de hěn wǎn, suǒyǐ tā jīntiān bā diǎn bàn cái qǐchuáng.
  어제 저녁에 늦게 자서 그는 오늘 8시 반에야 일어났다.

- **因为**教室里的空调坏了，**所以**同学们把窗户打开了。
  Yīnwèi jiàoshì li de kōngtiáo huài le, suǒyǐ tóngxuémen bǎ chuānghu dǎkāi le.
  교실 에어컨이 고장 나서 학생들은 창문을 열었다.

- 因为四川菜太辣，所以他不常去四川风味的饭馆儿吃饭。
  Yīnwèi Sìchuān cài tài là, suǒyǐ tā bù cháng qù Sìchuān fēngwèi de fànguǎnr chī fàn.
  쓰촨 요리는 너무 매워서 그는 쓰촨 요리 식당에 밥을 먹으러 자주 가지 않는다.

7 再说 게다가

骑车去有点儿远。再说，飞龙骑车的技术不高，他不敢骑车去。

'再说'는 주로 회화에서 사용되며, 더욱 구체적으로 이유를 설명하거나 새로운 이유를 보충하기 위해 쓴다. 일반적으로 두 번째 문장의 앞에 위치한다.

- 这本书没什么意思，再说你已经有一本差不多的书了，别买了。
  Zhè běn shū méi shénme yìsi, zàishuō nǐ yǐjīng yǒu yì běn chàbuduō de shū le, bié mǎi le.
  이 책은 별로 재미가 없고, 게다가 당신은 이미 비슷한 책을 가지고 있으니 사지 말아요.

- 我们是好朋友，不用这么客气，再说我也没帮上你什么忙。
  Wǒmen shì hǎo péngyou, búyòng zhème kèqi, zàishuō wǒ yě méi bāngshang nǐ shénme máng.
  우리는 좋은 친구니까 이렇게 체면 차릴 필요 없어. 게다가 내가 크게 도움을 준 것도 아니야.

- 这次旅行我不去了，最近太忙，再说我刚买了汽车，没钱了。
  Zhè cì lǚxíng wǒ bú qù le, zuìjìn tài máng, zàishuō wǒ gāng mǎi le qìchē, méi qián le.
  나는 이번 여행 안 갈래요. 최근에 너무 바쁘기도 하고 게다가 이제 막 차를 사서 돈도 없어요.

✱ '再说'와 '再+说'의 의미를 구분해야 한다. '再+说'는 어떤 일에 대해 지금은 생각하지 않고, 이후 적절한 때에 실행하거나 생각할 것임을 의미한다.

今天太晚了，明天再说吧。
Jīntiān tài wǎn le, míngtiān zàishuō ba.
오늘은 너무 늦었으니 내일 다시 이야기해요.

你先找地方住下，工作的事过几天再说。
Nǐ xiān zhǎo dìfang zhùxià, gōngzuò de shì guò jǐ tiān zàishuō.
당신 우선 묵을 곳을 찾아 머물고, 업무에 관한 일은 며칠 지난 뒤에 다시 이야기해요.

1 다음 주어진 내용에 근거하여 질문하고, '比'를 사용하여 대답해 보세요.

学生A	学生B
• 2015年中学毕业 • 学过英语、法语、日语、汉语、俄语 • 第一次来中国 • 每天晚上12:00睡觉、早上6:00起床 • 每天7:50到教室 • 每天除了上课，还学习5个小时 • 喜欢足球，踢得也很好 • 喜欢唱歌，能唱两首中国歌 • 自行车骑得不好，很慢	• 2019年中学毕业 • 学过英语、德语、汉语 • 来过四次中国 • 每天晚上11:30睡觉、早上7:00起床 • 每天8:00到教室 • 每天除了上课，还学习3个小时 • 喜欢看足球，不踢 • 喜欢唱歌，会唱很多中国歌 • 骑自行车骑得又快又好

俄语 Éyǔ 명 러시아어 | 德语 Déyǔ 명 독일어

2 주어진 접속사를 사용하여 문장을 고쳐 보세요.

要是……，就……　　因为……，所以……　　不但……，而且……

❶ 我前年去过了。这次我不想再去了。

→ _____

❷ 我去过。别的同学也去过。

→ _____

❸ 这件衣服的颜色不好看。这件衣服很贵。

→ _____

❹ 我明天不能来。我给你打电话。

→ _____

❺ 天太热，我睡不着觉。

→ _____

❻ 我不喜欢。我不去。

→ _____

3 각각 다른 상황으로 '因为……, 所以……' 문장을 완성해 보세요.

❶ 因为天气很热，_____。

❷ 因为天气很热，_____。

❸ 因为天气很热，_____。

❹ _____，所以他不想跟我们一起去。

❺ _____，所以他不想跟我们一起去。

❻ _____，所以他不想跟我们一起去。

4 '要是'의 용법에 주의하여 문장을 완성해 보세요.

❶ 你要是看到他的话，_____。

❷ 要是明天不热，_____。

❸ 昨天你要是在这儿的话，＿＿＿＿＿＿＿＿＿＿＿＿＿。

❹ ＿＿＿＿＿＿＿＿＿＿＿＿＿＿，咱们就去游泳。

❺ ＿＿＿＿＿＿＿＿＿＿＿＿＿＿，他一定会帮你的。

❻ ＿＿＿＿＿＿＿＿＿＿＿＿＿＿，那咱们现在已经到上海了。

5 다음 주어진 내용에 근거하여 보기와 같이 '再说'를 사용하여 묻고 답해 보세요.

> 보기
> A 你觉得那个电影怎么样？
> B 我不喜欢，太慢了，再说故事内容也不新鲜。

I	II
• 他来我们班好几天了，也没做自我介绍。 • 老董买的那件衣服料子一般。 • 我觉得那家饭馆儿不太贵。 • 他不想去，因为他已经去过好几次了。 • 学校附近的那家商场人太多了。 • 这种课本本来就比较容易。	• 他来我们班以后根本没跟别人说过话，我们都不了解他。 • 老董买的衣服太大了。 • 我觉得那家饭馆儿有空调，也很干净。 • 他不想去。因为下星期有考试，他怕耽误时间。 • 学校附近的那家商场东西太贵了。 • 他几年以前学过。

故事 gùshi 명 이야기, 줄거리 | 自我介绍 zìwǒ jièshào 동 자기소개를 하다 | 料子 liàozi 명 옷감 | 一般 yìbān 명 보통이다, 일반적이다 | 课本 kèběn 명 교재, 교과서 | 根本 gēnběn 부 원래, 본래 | 耽误 dānwu 동 지체하다, 머물다

6 주어진 단어가 들어갈 알맞은 위치를 골라 보세요.

❶ 现在 A 街上 B 车多、人多，C 过马路的时候 D 要注意。　　千万

❷ 爸爸妈妈明天 A 要去开会，你 B 一个人 C 在家 D 要小心。　　千万

❸ 这些书他 A 都 B 看过了，我只 C 看过 D 两本。　　差不多

❹ 他 A 花了 B 85块钱，我 C 花了 D 100块钱。　　差不多

❺ 他 A 晚上 B 一个人 C 开车 D 出去。　　不敢

❻ 现在 A 天气 B 很冷，C 感冒 D。　　容易

7 이 과에서 배운 새 단어를 사용하여 빈칸을 채워 보세요.

❶ 老师＿＿＿＿＿＿我们先去故宫，然后再去北海公园。

❷ 这么晚了，没有公共汽车了，你得＿＿＿＿＿＿回去。

❸ 大家要是有好＿＿＿＿＿＿，请告诉我们。

❹ 最近我家附近刚刚＿＿＿＿＿＿的地铁线路就能到姐姐的学校。

❺ ＿＿＿＿＿＿的时候，我一般9:00起床，因为没有课。

❻ 我没有＿＿＿＿＿＿他，他怎么也来了?

❼ 现在的＿＿＿＿＿＿进步了，做的东西又好看又好用。

❽ 张教授请我们去他家＿＿＿＿＿＿，我们打算星期日下午去。

北海公园 Běihǎi Gōngyuán 고유 베이하이 공원 ｜ 教授 jiàoshòu 명 (대학) 교수

자유롭게 말하기

1 빈칸을 채워 대화를 완성해 보세요.

A 下午你_____?

B 看电影。现在有部新电影，据说很好看。_____?

A 好啊！在哪儿？离这儿远吗？怎么去？

B 你别这么着急。电影院离这儿_____，就是倒车不方便。

A 要是这样，那_____吧。

B 我也_____想，不过我骑车的技术_____。

A 没关系，咱们_____。

2 주어진 그림을 보고 대화를 나눠 보세요.

要是骑车……

要是坐公共汽车……

那打车……

중국 명승지와 명언

황허에 이르기 전에는 단념하지 않다.
不到黄河心不死。
Bú dào Huánghé xīn bù sǐ.

황허 黄河

손님이 되다

做客
Zuòkè

06

- **학습 목표**
  방문 예절에 대해 이해할 수 있다.

- **표현 포인트**
  早 | 什么(1) | 该 | 如果
  其实 | 什么(2)

단어 익히기 🎧 06-01

🗨 회화 단어

伯父 bófù 명 아저씨 [아버지와 동년배인 남자를 부르는 말]

伯母 bómǔ 명 아주머니 [어머니와 동년배인 여자를 부르는 말]

欢迎 huānyíng 동 환영하다

礼物 lǐwù 명 선물

巧克力 qiǎokèlì 명 초콜릿

品尝 pǐncháng 동 맛보다, 시식하다

不好意思 bù hǎoyìsi 죄송하다, 미안하다

添 tiān 동 더하다, 덧붙이다

麻烦 máfan 명 골칫거리 형 골치 아프다 동 귀찮게 하다

饱 bǎo 형 배부르다

生日 shēngrì 명 생일, 생신

如果 rúguǒ 접 만약

空儿 kòngr 명 틈, 짬

慢走 mànzǒu 동 안녕히 가세요, 살펴 가세요 [손님을 배웅할 때 하는 말]

了解 liǎojiě 동 이해하다

称呼 chēnghu 동 부르다 명 호칭

家人 jiārén 명 가족들, 식구

合适 héshì 형 적합하다

按照 ànzhào 개 ~에 따라, ~에 근거하여

叔叔 shūshu 명 아저씨 [아버지와 동년배인 남자에 대한 호칭, 또는 아이들이 어른들을 부르는 말]

阿姨 āyí 명 아주머니 [아이들이 친척이 아닌 어머니와 동년배인 여자를 부르는 말]

兄弟姐妹 xiōngdì jiěmèi 형제자매

兄 xiōng 명 형

传统 chuántǒng 명 전통

选择 xuǎnzé 동 선택하다

茶叶 cháyè 명 찻잎

点心 diǎnxin 명 간식, 가벼운 식사

鲜花 xiānhuā 명 생화, 꽃

特产 tèchǎn 명 특산물

其实 qíshí 부 사실은, 실제는

规矩 guīju 명 규율, 관례

礼貌 lǐmào 명 예의 형 예의 바르다

显得 xiǎnde 동 ~하게 보이다, 드러나다

像 xiàng 동 비슷하다, ~와 공통점이 있다

主人 zhǔrén 명 주인, 손님을 접대하는 사람

✏ 표현 단어

回信 huíxìn 동 답장하다 명 답신, 답장

浇水 jiāoshuǐ 동 물을 뿌리다

干死 gānsǐ 동 말라 죽다

发球 fāqiú 동 서브를 넣다

仔细 zǐxì 형 꼼꼼하다, 자세하다

寻找 xúnzhǎo 동 찾다

有用 yǒuyòng 동 쓸모가 있다, 유용하다

改正 gǎizhèng 동 개정하다, 시정하다

错误 cuòwù 명 실수, 잘못

进步 jìnbù 동 진보하다, 발전하다

笨 bèn 형 멍청하다, 어리석다

▶ 고유명사

汤姆 Tāngmǔ 고유 톰 [인명]

회화 배우기

1 환영해요. 🎧 06-02

황융: 爸，妈，飞龙来了。飞龙，这是我爸，这是我妈。
Bà, mā, Fēilóng lái le. Fēilóng, zhè shì wǒ bà, zhè shì wǒ mā.

펄롱: 伯父，伯母，你们好。
Bófù, bómǔ, nǐmen hǎo.

아빠: 欢迎欢迎，早就听黄勇说你要来。❶
Huānyíng huānyíng, zǎojiù tīng Huáng Yǒng shuō nǐ yào lái.

快请进屋坐吧！
Kuài qǐng jìn wū zuò ba!

펄롱: 我不知道带点儿什么礼物好，这是我们法国的巧克力，
Wǒ bù zhīdào dài diǎnr shénme lǐwù hǎo, zhè shì wǒmen Fǎguó de qiǎokèlì,

请你们品尝品尝。
qǐng nǐmen pǐncháng pǐncháng.

엄마: 带什么礼物呀！❷ 你真是太客气了。
Dài shénme lǐwù ya! Nǐ zhēnshi tài kèqi le.

펄롱: 伯父伯母的身体都挺好吧？
Bófù bómǔ de shēntǐ dōu tǐng hǎo ba?

엄마: 挺好的。你们谈，我做饭去。
Tǐng hǎo de. Nǐmen tán, wǒ zuò fàn qù.

펄롱: 真不好意思，给您添麻烦了。
Zhēn bù hǎoyìsi, gěi nín tiān máfan le.

2 그만 가 보겠습니다. 🎧 06-03

펄롱 时间不早了，我该回去了。❸
Shíjiān bù zǎo le, wǒ gāi huíqù le.

아빠 再坐一会儿吧，明天是周末，没有课。
Zài zuò yíhuìr ba, míngtiān shì zhōumò, méiyǒu kè.

펄롱 不了，明天还有事。
Bù le, míngtiān hái yǒu shì.

엄마 急什么呀，再吃点儿水果。
Jí shénme ya, zài chī diǎnr shuǐguǒ.

펄롱 不了，谢谢！今天我吃得太饱了。伯母做的菜真的
Bù le, xièxie!　　　Jīntiān wǒ chī de tài bǎo le.　Bómǔ zuò de cài zhēnde

好吃极了！
hǎochī jíle!

엄마 别客气。下星期六你伯父过生日，如果你有空儿，
Bié kèqi.　　Xià xīngqīliù nǐ bófù guò shēngrì, rúguǒ nǐ yǒu kòngr,

欢迎再来。❹
huānyíng zài lái.

펄롱 好的，我一定来。
Hǎo de, wǒ yídìng lái.

你们请回吧。再见！
Nǐmen qǐng huí ba.　Zàijiàn!

아빠 你慢走，再见！
Nǐ mànzǒu, zàijiàn!

3 중국 가정 방문 예절 🎧 06-04

如果你打算去中国朋友家里做客，那么你应该
Rúguǒ nǐ dǎsuàn qù Zhōngguó péngyou jiā li zuòkè, nàme nǐ yīnggāi

了解怎么称呼朋友的家人，带什么礼物合适。
liǎojiě zěnme chēnghu péngyou de jiārén, dài shénme lǐwù héshì.

按照中国人的习惯，对朋友的父母可以叫叔叔
Ànzhào Zhōngguó rén de xíguàn, duì péngyou de fùmǔ kěyǐ jiào shūshu

阿姨或伯父伯母。对朋友的兄弟姐妹可以叫名字，
āyí huò bófù bómǔ. Duì péngyou de xiōngdì jiěmèi kěyǐ jiào míngzi,

比自己年纪大的，也可以叫哥哥姐姐。
bǐ zìjǐ niánjì dà de, yě kěyǐ jiào gēge jiějie.

送给中国人的礼物，可以按照传统选择茶叶、
Sònggěi Zhōngguó rén de lǐwù, kěyǐ ànzhào chuántǒng xuǎnzé cháyè、

酒、点心、水果，也可以选择鲜花、巧克力，或者你们
jiǔ、diǎnxin、shuǐguǒ, yě kěyǐ xuǎnzé xiānhuā、qiǎokèlì, huòzhě nǐmen

国家的特产。
guójiā de tèchǎn.

其实，去中国人家里做客，❺ 没什么特别的规矩。❻
Qíshí, qù Zhōngguó rén jiā li zuòkè, méi shénme tèbié de guīju.

如果你又有礼貌，又显得像回到自己家一样随便，主人
Rúguǒ nǐ yòu yǒu lǐmào, yòu xiǎnde xiàng huídào zìjǐ jiā yíyàng suíbiàn, zhǔrén

一定会很高兴。
yídìng huì hěn gāoxìng.

06 做客 89

 표현 익히기

 早 이미, 벌써

早就听黄勇说你要来。

여기서 '早'는 어떤 동작이나 행위가 현재로부터 이미 일정한 시간이 지난 과거에 발생했음을 강조한다. 보통 문장 끝에 '了'를 함께 쓴다.

- 这件事我们早知道了。
  Zhè jiàn shì wǒmen zǎo zhīdào le.
  이 일을 나는 벌써 알고 있었다.

- 你的信我早收到了，可是一直没时间给你写回信。
  Nǐ de xìn wǒ zǎo shōudào le, kěshì yìzhí méi shíjiān gěi nǐ xiě huíxìn.
  당신의 편지는 진작에 받았는데, 그간 답장을 쓸 시간이 없었어요.

'早' 뒤에는 '就'나 '已' 등이 자주 함께 쓰인다.

- 他早就不在这儿住了。
  Tā zǎojiù bú zài zhèr zhù le.
  그는 이곳에 살지 않은 지 오래다.

- 我早就跟你说过(了)，可你还是忘了。
  Wǒ zǎojiù gēn nǐ shuōguo (le), kě nǐ háishi wàng le.
  내가 진작에 당신에게 말했었는데, 잊어버렸군요.

- 东西早已准备好了，他一来咱们就走。
  Dōngxi zǎoyǐ zhǔnbèi hǎo le, tā yì lái zánmen jiù zǒu.
  물건은 이미 준비 되었으니 그가 오면 우리 바로 떠나요.

 什么 뭘, 무슨

带什么礼物呀！

여기에서 '什么'는 동의하지 않거나 불만의 어감을 나타낸다. '什么'는 동사나 형용사 뒤에 쓸 수 있다.

- 这是大人的事，你小孩子懂什么！
  Zhè shì dàren de shì, nǐ xiǎo háizi dǒng shénme!
  이건 어른들의 일인데 너 같은 꼬마가 뭘 알겠니!

- 天气这么好，看什么电视呀，出去走走吧。
  Tiānqì zhème hǎo, kàn shénme diànshì ya, chūqù zǒuzou ba.
  날씨가 이렇게 좋은데 무슨 텔레비전을 본다는 거야. 밖으로 나가서 바람이나 쐬자.

- 大家都是朋友，你客气什么呀。
  Dàjiā dōu shì péngyou, nǐ kèqi shénme ya.
  모두 친구 사이인데 무슨 예의를 차리고 그래.

- 你才100斤，胖什么呀；我才胖呢，都130斤了。
  Nǐ cái yìbǎi jīn, pàng shénme ya; wǒ cái pàng ne, dōu yìbǎi sānshí jīn le.
  너 겨우 50kg인데 뭐가 뚱뚱하다는 거야. 나야말로 뚱뚱하지. 65kg이나 되는데.

3 该 ~해야 한다, ~의 차례다

我该回去了。

'该'는 다음과 같이 두 가지 용법으로 쓰인다.

(1) '该'는 조동사로 쓰여, 어떤 일을 반드시 해야 함을 나타내거나 일반적인 상황에 따라 어떤 상황이 발생할 것임을 나타낸다.

- 夜里十二点了，你该睡觉了。
  Yè li shí'èr diǎn le, nǐ gāi shuìjiào le.
  밤 12시가 됐네. 너 자야 해.

- 还有十分钟就该下课了。
  Háiyǒu shí fēnzhōng jiù gāi xiàkè le.
  10분만 지나면 수업이 끝난다.

- 这么晚了还不回家，你妈妈该担心了。
  Zhème wǎn le hái bù huí jiā, nǐ māma gāi dānxīn le.
  이렇게 늦은 시간까지 집에 가지 않으면 네 어머니께서 걱정하실 거야.

- 你没有给花儿浇水，花儿该干死了。
  Nǐ méiyǒu gěi huār jiāoshuǐ, huār gāi gānsǐ le.
  꽃에 물을 주지 않으면 꽃은 말라 죽을 것이다.

(2) '该'가 동사로 쓰이면, 순서에 따라 어떤 사람이 할 차례가 되었음을 의미한다.

- 望月回答完问题，该飞龙回答了。
  Wàngyuè huídá wán wèntí, gāi Fēilóng huídá le.
  모치즈키가 문제에 답을 했으니 이제 펄롱이 대답할 차례다.

- 现在该我们发球了。
  Xiànzài gāi wǒmen fāqiú le.
  이제 우리가 서브할 차례야.

4 如果 만약 ~한다면

如果你有空儿，欢迎再来。

'如果'는 가정을 나타내며, 같은 의미의 '要是'보다 정식적인 표현이다. '如果'는 앞 절에 쓰이며, 뒤 절에는 '那么' '就' 등과 함께 결론, 결과 또는 문제를 제기하는 내용이 나온다.

- 如果你看见望月，就让她来找我。
  Rúguǒ nǐ kànjiàn Wàngyuè, jiù ràng tā lái zhǎo wǒ.
  만약 모치즈키를 만나면 나를 찾아오라고 해 줘.

- 如果你在书中仔细寻找，那么你一定能找到对你有用的东西。
  Rúguǒ nǐ zài shū zhōng zǐxì xúnzhǎo, nàme nǐ yídìng néng zhǎodào duì nǐ yǒuyòng de dōngxi.
  책을 자세히 찾아본다면, 반드시 너에게 유용한 정보를 찾을 수 있을 거야.

- 如果你不能改正错误，那你怎么进步呢？
  Rúguǒ nǐ bù néng gǎizhèng cuòwù, nà nǐ zěnme jìnbù ne?
  네가 잘못을 고치지 못한다면 어떻게 발전할 수 있겠니?

5 其实 사실

其实，去中国人家里做客……

'其实'는 자신이 말하려는 상황이 사실임을 강조하며, 앞서 말한 것에 대한 수정이나 보충을 하고 싶을 때 사용한다. 술어나 주어 앞에 쓴다.

- 以前我一直以为自己很笨，现在才发现，我其实很聪明。
  Yǐqián wǒ yìzhí yǐwéi zìjǐ hěn bèn, xiànzài cái fāxiàn, wǒ qíshí hěn cōngmíng.
  예전에 나는 늘 자신이 멍청하다고 생각했는데, 이제서야 내가 사실 매우 똑똑하다는 것을 깨닫게 되었다.

- 来北京以后，他为了学习从来不看电视，其实看电视可以练习听力。
  Lái Běijīng yǐhòu, tā wèile xuéxí cónglái bú kàn diànshì, qíshí kàn diànshì kěyǐ liànxí tīnglì.
  베이징에 온 후로 그는 공부를 하기 위해 줄곧 텔레비전을 보지 않았는데, 사실 텔레비전을 보면 듣기 연습을 할 수 있다.

- 大家只知道汤姆会踢足球，其实他篮球打得也很好。
  Dàjiā zhǐ zhīdào Tāngmǔ huì tī zúqiú, qíshí tā lánqiú dǎ de yě hěn hǎo.
  사람들은 톰이 축구를 잘한다는 것만 알고 있는데, 사실 그는 농구도 꽤 잘한다.

6 什么 어떤, 무슨, 어느

没什么特别的规矩。

여기에서 '什么'는 불특정한 사람이나 사물을 가리킨다. 주로 명사 앞에 쓰이며, '什么'를 생략해도 문장의 의미에는 큰 변화가 없다.

- 最近没有什么新鲜事。
  Zuìjìn méiyǒu shénme xīnxiān shì.
  요즘에는 뭔가 신선한 일이 없다.

- 我没什么要说的了。
  Wǒ méi shénme yào shuō de le.
  나는 별로 할 말이 없다.

- 我进去的时候，他们正在商量什么事情。
  Wǒ jìnqù de shíhou, tāmen zhèngzài shāngliang shénme shìqing.
  내가 들어갔을 때 그들은 어떤 문제를 상의하고 있었다.

- 你找老王有什么事吗?
  Nǐ zhǎo Lǎo Wáng yǒu shénme shì ma?
  당신 무슨 일로 라오왕을 찾는 거예요?

내공 쌓기

1 '什么(동의하지 않거나 불만의 어감)'를 사용하여 문장을 고쳐 보세요.

❶ 你别急，丢了也没关系。

→ _____

❷ 这么近，不用坐车，走着就行了。

→ _____

❸ 车上没那么多人，你别挤。

→ _____

❹ 不年轻了，我已经五十了。

→ _____

❺ 我们是老朋友，不用谢。

→ _____

丢 diū 통 잃다, 잃어버리다 | 年轻 niánqīng 형 젊다

2 괄호 안의 단어를 사용하여 문장을 완성해 보세요.

❶ 我一回家妈妈就给我包饺子吃，_____。 （其实）

❷ 望月说她的字写得不好看，_____。 （其实）

❸ 雨停了，_____。 （显得）

❹ 老年人穿这种颜色的衣服_____。 （显得）

❺ 王老师的儿子一见到我就喊"阿姨好"_____。 （显得）

❻ 你怎么才知道呀？_____。 （早就）

❼ _____，饭菜还没有准备好。 （早就）

❽ _____，春节应该吃饺子。 （按照）

❾ 如果你_____，你的病一定能好。 （按照）

❿ _____，学生不能在宿舍里喝酒。 （按照）

⓫ 快要放假了，_____。 （该……了）

⓬ 我的矿泉水喝完了，_____。 （该……了）

⓭ 弟弟，昨天是我打扫的房间，_____。 （该……了）

喊 hǎn 동 외치다, 부르다 | 放假 fàngjià 동 휴가로 쉬다, 방학하다

3 주어진 단어와 구를 사용하여 '如果……，就/那么……' 형식으로 문장을 만들어 보세요.

❶ 下面　　　　　　香山
→ _____

❷ 有好主意　　　　告诉大家
→ _____

❸ 想好了去哪儿　　去办公室报名
→ _____

❹ 来不了　　　　　打电话
→ _____

❺ 这些建议都不好　　　　　咱们再讨论讨论

→ _____

❻ 不复习　　　　　　　　　记不住

→ _____

> **报名** bàomíng 동 신청하다, 지원하다, 등록하다 ｜ **讨论** tǎolùn 동 토론하다, 의논하다

4 이 과에서 배운 새 단어를 사용하여 빈칸을 채워 보세요.

❶ 在北京的时候，大家都_____过很多中国的小吃。

❷ 先吃吧，要是不够，再_____。

❸ _____你帮我拿一下，好吗？

❹ 这里的情况我们还不太_____，你先介绍一下。

❺ 如果你有_____，再来我家玩儿吧。

❻ 做这件事最_____的人是小王，不是小陈。

❼ _____男朋友，不能太随便了。

❽ 按照中国的_____习惯，年纪最大的人坐那儿。

❾ 今天我收到了爸爸给我的生日_____。

❿ 那个孩子又聪明又有_____。

> **小吃** xiǎochī 명 간단한 음식, 스낵, 간식

5 우리나라에서는 다른 집을 방문할 때 무엇을 주의해야 하는지 주어진 단어를 사용하여 말해 보세요.

| 按照 | 显得 | 如果 | 什么 | 其实 | 合适 |
| 麻烦 | 传统 | 不但 | 千万 | 差不多 | |

자유롭게 말하기

1. 주어진 그림을 보고 대화를 나눠 보세요.

❶ 欢迎欢迎! / 好久不见!

❷ 不知道带什么合适…… / 老朋友啦, 客气什么!

❸ 欢迎再来! / 再见!

여행 계획

旅行计划
Lǚxíng jìhuà

07

- **학습 목표**
  여행지의 특징에 대해 소개할 수 있다.

- **표현 포인트**
  好 | 除了……以外 | 说实话
  哪儿……哪儿…… | 既……又……
  等

단어 익히기 🎧 07-01

📖 회화 단어

学院 xuéyuàn 명 단과대학
发 fā 동 보내다, 부치다, 발송하다
旅行 lǚxíng 동 여행하다
计划 jìhuà 명 계획 동 계획하다
商量 shāngliang 동 의논하다, 상의하다
第一次 dì-yī cì 처음, 최초
除了……以外 chúle……yǐwài ~을 제외하고, ~이외에
城市 chéngshì 명 도시
部分 bùfen 명 부분, 일부
草原 cǎoyuán 명 초원, 풀밭
景色 jǐngsè 명 경치, 풍경
说实话 shuō shíhuà 솔직하게 말하면, 진실을 말하면, 사실대로 말하면
烤肉 kǎoròu 명 구운 고기, 불고기
兴趣 xìngqù 명 흥미, 관심, 재미
游览 yóulǎn 동 유람하다, 관람하다
名胜 míngshèng 명 명승지, 명소
古迹 gǔjì 명 고적, 유적지
石窟 shíkū 명 석굴
具体 jùtǐ 형 구체적이다
报名 bàomíng 동 신청하다, 등록하다
其他 qítā 명 기타, 그 외
组织 zǔzhī 동 조직하다, 결성하다
更加 gèngjiā 부 더욱더, 한층
外地 wàidì 명 외지, 타지
旅游 lǚyóu 동 여행하다, 관광하다

份 fèn 양 부, 통 [문건을 세는 단위]
内容 nèiróng 명 내용
安排 ānpái 동 안배하다, 배치하다
讨论 tǎolùn 동 토론하다, 논의하다
自然 zìrán 명 자연, 천연 형 자연스럽다, 꾸밈이 없다
风光 fēngguāng 명 풍경, 경치, 풍광
武术 wǔshù 명 무술
路线 lùxiàn 명 노선, 노정, 여정

✏️ 표현 단어

气候 qìhòu 명 기후
蔬菜 shūcài 명 채소, 야채
客队 kèduì 명 원정팀, 방문팀

▶ 고유명사

洛阳 Luòyáng 고유 뤄양 [지명]
大同 Dàtóng 고유 다퉁 [지명]
龙门石窟 Lóngmén Shíkū 고유 룽먼석굴
少林寺 Shàolín Sì 고유 소림사
云冈石窟 Yúngāng Shíkū 고유 윈강석굴
内蒙古 Nèiměnggǔ 고유 네이멍구 [지명]

회화 배우기

1 우리 같이 가요. 🎧 07-02

이종문: 望月，你看学院发的旅行计划了吗？
Wàngyuè, nǐ kàn xuéyuàn fā de lǚxíng jìhuà le ma?

모치즈키: 看了，不过我还没想好去哪儿。❶ 你想好了吗？
Kàn le, búguò wǒ hái méi xiǎnghǎo qù nǎr.　　Nǐ xiǎnghǎo le ma?

이종문: 我就是来找你商量的。我是第一次来中国。
Wǒ jiùshì lái zhǎo nǐ shāngliang de. Wǒ shì dì-yī cì lái Zhōngguó.

모치즈키: 可我除了去过几个南方城市以外，北方城市都没去过。❷
Kě wǒ chúle qùguo jǐ ge nánfāng chéngshì yǐwài, běifāng chéngshì dōu méi qùguo.

이종문: 我们国家大部分地方都是山，我从来没见过大草原的
Wǒmen guójiā dàbùfen dìfang dōu shì shān, wǒ cónglái méi jiànguo dà cǎoyuán de

景色，也没骑过马。说实话，我对烤肉也很有兴趣。❸
jǐngsè, yě méi qíguo mǎ.　　Shuō shíhuà, wǒ duì kǎoròu yě hěn yǒu xìngqù.

모치즈키: 我知道了，你想去草原骑马、吃烤肉。行！你去哪儿，
Wǒ zhīdào le, nǐ xiǎng qù cǎoyuán qí mǎ、chī kǎoròu.　　Xíng! Nǐ qù nǎr,

我就去哪儿。❹ 咱俩一起去。
wǒ jiù qù nǎr.　　Zán liǎ yìqǐ qù.

2 구체적으로 말해 봐요. 🎧 07-03

황용: 你可以选两个地方，先去洛阳或者大同，然后再去
Nǐ kěyǐ xuǎn liǎng ge dìfang, xiān qù Luòyáng huòzhě Dàtóng, ránhòu zài qù

草原。
cǎoyuán.

펄롱 好主意！ 这样既可以游览名胜古迹，又可以骑马看
Hǎo zhǔyi! Zhèyàng jì kěyǐ yóulǎn míngshèng gǔjì, yòu kěyǐ qí mǎ kàn

草原。⑤
cǎoyuán.

황응 洛阳、大同去一个就行了，你打算去哪儿呢？
Luòyáng、Dàtóng qù yí ge jiù xíng le, nǐ dǎsuàn qù nǎr ne?

펄롱 当然是洛阳了。除了可以游览龙门石窟以外，还可以
Dāngrán shì Luòyáng le. Chúle kěyǐ yóulǎn Lóngmén Shíkū yǐwài, hái kěyǐ

去少林寺。
qù Shàolín Sì.

황응 说实话，如果我是你，我就去大同，春天的时候再去
Shuō shíhuà, rúguǒ wǒ shì nǐ, wǒ jiù qù Dàtóng, chūntiān de shíhou zài qù

洛阳。
Luòyáng.

펄롱 你说具体一点儿。
Nǐ shuō jùtǐ yìdiǎnr.

황응 大同的云冈石窟也非常有名，而且跟洛阳比，大同
Dàtóng de Yúngāng Shíkū yě fēicháng yǒumíng, érqiě gēn Luòyáng bǐ, Dàtóng

离北京比较近。
lí Běijīng bǐjiào jìn.

펄롱 你说的也对。对了，你刚才说春天去洛阳，为什么？
Nǐ shuō de yě duì. Duì le, nǐ gāngcái shuō chūntiān qù Luòyáng, wèi shénme?

황응 等你去了，你就知道了。⑥ 快去报名吧，除了你，其他
Děng nǐ qù le, nǐ jiù zhīdào le. Kuài qù bàomíng ba, chúle nǐ, qítā

人都报名了。
rén dōu bàomíng le.

3. 유학생들을 위한 여행 계획 07-04

为了让留学生的学习生活更加丰富，学院要组织大家去外地旅游，一共有三个地方：内蒙古草原、大同和洛阳。上星期办公室给每个同学都发了一份旅行计划，向大家介绍游览内容和时间安排。这几天同学们都在讨论去哪儿旅游。喜欢自然风光的想去草原，喜欢古迹的想去大同，喜欢中国武术的想去洛阳。可是更多的人对三条路线都有兴趣，不知道去哪儿好。

표현 익히기

1 好 다 ~했다

不过我还没想**好**去哪儿。

이 문장에서 '好'는 동사 뒤에서 결과보어로 쓰여, 동작이 완성되었음을 나타낸다.

- 小红，今天咱俩去哪儿玩儿? 你想**好**了吗?
  Xiǎo Hóng, jīntiān zán liǎ qù nǎr wánr? Nǐ xiǎnghǎo le ma?
  샤오훙, 오늘 우리 어디 가서 놀까? 생각해 봤어?

- 这台空调能修**好**吗?
  Zhè tái kōngtiáo néng xiūhǎo ma?
  이 에어컨을 고칠 수 있나요?

- 大家坐**好**，现在上课了。
  Dàjiā zuòhǎo, xiànzài shàngkè le.
  모두 자리에 앉으세요. 이제 수업 시작합니다.

2 除了……以外 ~을 제외하고, ~이외에

可我**除了**去过几个南方城市**以外**，北方城市都没去过。

'除了……(以外)'는 다음과 같이 두 가지 용법이 있다.

(1) '除了A(以外)，B(都)X'는 'A를 제외하고 B는 모두 X하다'라는 의미이다. A가 유일한 상황임을 강조할 때도 있는데, 이때는 뒤 절에 '没有'가 쓰인다.

- **除了**他骑自行车去**以外**，我们**都**坐公共汽车去。
  Chúle tā qí zìxíngchē qù yǐwài, wǒmen dōu zuò gōnggòng qìchē qù.
  그만 자전거를 타고 가고, 우리는 모두 버스를 타고 간다.

- **除了**冬天冷一点儿**以外**，这儿的气候很不错。
  Chúle dōngtiān lěng yìdiǎnr yǐwài, zhèr de qìhòu hěn búcuò.
  겨울에 조금 추운 것 외에 이곳의 기후는 매우 좋다.

- **除了**爱珍**以外**，**没有**人去过那个地方。
  Chúle Àizhēn yǐwài, méiyǒu rén qùguo nàge dìfang.
  아이쩐 외에는 아무도 그곳에 가 보지 않았다.

(2) '除了A(以外)，还/也B'는 'A 이외에 B도 ~하다'라는 의미이다. 여기에서 A는 이미 잘 알고 있는 일반적인 상황이고, B는 특수하거나 보충 설명이 필요한 상황이다.

- 我们这儿除了中文书以外，还有外文书。
 Wǒmen zhèr chúle Zhōngwénshū yǐwài, hái yǒu wàiwénshū.
 이곳에는 중국어 서적 외에 외국어 서적도 있다.

- 小明除了爱吃肉，也爱吃蔬菜。
 Xiǎomíng chúle ài chī ròu, yě ài chī shūcài.
 샤오밍은 고기뿐만 아니라 채소도 즐겨 먹는다.

- 除了她以外，还有两个同学也说错了。
 Chúle tā yǐwài, hái yǒu liǎng ge tóngxué yě shuōcuò le.
 그녀 이외에 두 명의 학생도 틀리게 말했다.

3 说实话 솔직하게 말하면

说实话，我对烤肉也很有兴趣。

'说实话'는 말하는 사람이 자신의 말이 '사실'이거나 '중요한' 것임을 강조할 때 주로 사용한다. '说真的'도 같은 용법으로 쓰인다.

- 说实话，我确实想帮你，可现在……
 Shuō shíhuà, wǒ quèshí xiǎng bāng nǐ, kě xiànzài……
 솔직히 말하면 나도 정말 너를 도와주고 싶지만, 지금은…

- 说真的，你要是喜欢她，我可以给你介绍介绍。
 Shuō zhēn de, nǐ yàoshi xǐhuan tā, wǒ kěyǐ gěi nǐ jièshào jièshào.
 사실 네가 그녀를 좋아한다면 내가 너에게 소개시켜 줄 수 있어.

4 哪儿…… 哪儿…… ~하면 ~한다

你去哪儿，我就去哪儿。

앞 절은 뒤 절의 조건이나 범위를 나타낸다. 앞 절의 '哪儿'은 임의의 대상을 가리키며, 뒤 절의 '哪儿'의 대상은 앞 절에 의해 결정된다. 결국 두 개의 '哪儿'이 가리키는 대상은 같다. 다른 의문대사들도 같은 방법으로 사용할 수 있다.

- 哪个商店的东西又好又便宜，哪个商店的人就多。
  Nǎge shāngdiàn de dōngxi yòu hǎo yòu piányi, nǎge shāngdiàn de rén jiù duō.
  어떤 상점이든 물건이 좋고 싸면, 그 상점에는 사람이 많다.

- 他想怎么办就怎么办，从来不听我们的。
  Tā xiǎng zěnme bàn jiù zěnme bàn, cónglái bù tīng wǒmen de.
  그는 하고 싶은 대로 할 뿐이지 여태껏 우리 말은 듣지 않았다.

- 谁愿意去谁去。
  Shéi yuànyi qù shéi qù.
  가고 싶은 사람이 가라.

- 你买什么，我们就吃什么。
  Nǐ mǎi shénme, wǒmen jiù chī shénme.
  우리는 네가 사는 걸로 먹을게.

5 既……又…… ~하고 또 ~하다

这样既可以游览名胜古迹，又可以骑马看草原。

'既……又……'는 동시에 두 가지의 성질이나 상황을 지니고 있음을 나타낸다. 앞 절과 뒤 절은 일반적으로 같은 구조로 쓰인다.

- 他既不懂英语，又不懂汉语，我们在一起没办法谈话。
  Tā jì bù dǒng Yīngyǔ, yòu bù dǒng Hànyǔ, wǒmen zài yìqǐ méi bànfǎ tánhuà.
  그는 영어도 모르고 중국어도 몰라서 우리는 같이 있어도 대화를 나눌 수가 없다.

- 飞龙既聪明又努力，是个好学生。
  Fēilóng jì cōngmíng yòu nǔlì, shì ge hǎo xuéshēng.
  펄롱은 똑똑한 데다가 노력도 하는 좋은 학생이다.

- 这些水果既便宜又好吃，你可以多买点儿。
  Zhèxiē shuǐguǒ jì piányi yòu hǎochī, nǐ kěyǐ duō mǎi diǎnr.
  이 과일은 싸고 맛있으니 많이 사세요.

'既……也……'는 '既……又……'와 비슷하지만, 어감이 좀 더 약하다. '也' 뒤에는 보충 설명이 온다.

6 等 (~할 때까지) 기다리다

等你去了，你就知道了。

'等' 뒤에 동사구나 절이 올 때는 '(~할 때까지) 기다리다' '(~ 이후까지) 기다리다'의 의미를 나타낸다. 뒤 절에는 주로 '就' '再' 등이 함께 쓰인다.

- **等**他说完了你**再**说。
  Děng tā shuōwán le nǐ zàishuō.
  그가 말을 다하고 나면 당신이 말해요.

- **等**写完作业我**就**去。
  Děng xiěwán zuòyè wǒ jiù qù.
  숙제를 다 하고 나서 갈게요.

- **等**你长大了**就**明白为什么了。
  Děng nǐ zhǎngdà le jiù míngbai wèi shénme le.
  네가 어른이 되면 왜 그런지 이해할 수 있을 거야.

부정 형식은 '没等……' '不等……'이다.

- **没/不等**我们坐好，客队**就**进了一个球。
  Méi/bù děng wǒmen zuòhǎo, kèduì jiù jìn le yí ge qiú.
  우리가 앉기도 전에 원정팀이 한 골을 넣었다.

- **没/不等**电影结束，很多人**就**走了。
  Méi/bù děng diànyǐng jiéshù, hěn duō rén jiù zǒu le.
  영화가 끝나기도 전에 많은 사람이 떠났다.

1. 그림을 보고 '除了……以外' 구문을 사용하여 이야기해 보세요.

_____
_____
_____
_____
_____

2. '什么/哪儿……, 什么/哪儿……' 구문을 사용하여 대화를 완성해 보세요.

❶ A 我星期六去长城，你呢?

　　B _____

❷ A 今晚去哪儿吃?

　　B _____

❸ A 你买哪种?

　　B _____

❹ A 学校的运动会，你参加吗?

　　B _____

❺ A 你打算怎么做?

　　B _____

❻ A 你喝点儿什么?

　　B _____

3　알맞은 결과보어를 써서 빈칸을 채워 보세요.

❶ 如果想学_____汉语，就要注意学习方法。

❷ A 你听_____了吗?

　　B 我听_____了，可是我没听_____。

❸ 这个练习不难，我们都做_____了。

❹ 这本书不是老师说的那种，你买_____了。

❺ 我的自行车还没修_____呢。

❻ 昨天我学了一首新歌，不过我还没学_____。

❼ 他做_____作业，就打_____电视，看了一会儿电视。

❽ 昨天我收_____爸爸妈妈写_____我的信了。

4 다음 문장을 '除了……(以外)' 구문을 사용하여 고쳐 보세요.

① 骑自行车既能锻炼身体，又能省钱。

→ _____

② 王刚去过日本，也去过欧洲。

→ _____

③ 来北京可以游览名胜古迹，还可以吃北京小吃。

→ _____

④ 我们班玛丽去大同，别人都去洛阳。

→ _____

⑤ 刘艳学过英语，没学过别的外语。

→ _____

⑥ 望月这几天在宿舍学习，哪儿也不去。

→ _____

欧洲 Ōuzhōu 명 유럽주 | 玛丽 Mǎlì 고유 메리(Mary) [인명]

5 이 과에서 배운 새 단어를 사용하여 빈칸을 채워 보세요.

① 这条_____坐火车比坐飞机方便。

② 现在很多人喜欢去_____骑马、吃烤肉。

③ 这次来北京，我们_____了很多地方。

④ 我昨天才看到了学院发的旅行计划，你_____了吗?

❺ 这件事别着急做决定，再找几个人_____一下。

❻ 日本和美国的代表_____了两国的合作问题。

❼ 这次旅行_____得很好，同学们都很满意。

❽ 没想到他对电影一点儿_____也没有。

❾ 他写了一份内容具体的工作_____。

❿ 以前这个地方的_____环境不太好，现在可大不一样了。

代表 dàibiǎo 명 대표, 대표자 | **合作** hézuò 명 합작, 협력 | **满意** mǎnyì 형 만족하다

 자유롭게 말하기

1 다음 대화를 완성해 보세요.

A 你打算在哪儿请客？

B _____。你觉得哪儿好？

A 如果_____，就去学校门口的四川饭馆儿。

B 我对辣的不太感兴趣，想吃清淡的。

A _____，那就去西单的日本饭馆儿吧。

B 学校附近不是也有几家日本饭馆儿吗？

A _____，但是_____。

B _____，我再想想。

A 今天你除了_____，还请谁了？

B 除了_____，差不多都请了。

생활 서비스

生活服务
Shēnghuó fúwù

08

- **학습 목표**
  일상생활에 필요한 서비스를 이용할 수 있다.

- **표현 포인트**
  急着 | ……的话 | 特别是
  稍微 | 趟 | 多了 | 拿……来说

단어 익히기 🎧 08-01

🔊 회화 단어

光临 guānglín 동 왕림하다
干洗 gānxǐ 명 드라이클리닝
衬衫 chènshān 명 셔츠, 블라우스
外套 wàitào 명 외투, 코트
师傅 shīfu 명 스승, 사부, 기술자, 기사(어떤 일에 숙달한 사람)
袖子 xiùzi 명 소매
油渍 yóuzì 명 기름 얼룩, 기름때
注意 zhùyì 동 주의하다, 조심하다
尽量 jǐnliàng 부 마음껏, 최대한
稍微 shāowēi 부 조금, 약간
毛病 máobìng 명 고장, 결함, 결점, 약점
小心 xiǎoxīn 동 조심하다 형 주의 깊다
摔 shuāi 동 내던지다, 팽개치다, 떨어지다
屏幕 píngmù 명 스크린, 영사막
显示 xiǎnshì 동 뚜렷하게 나타내 보이다
厉害 lìhai 형 심하다, 지독하다
裂 liè 동 찢어지다, 금이 가다
响 xiǎng 동 소리가 나다, 울리다
接听 jiētīng 동 (전화를) 받다
趟 tàng 양 차례, 번 [사람이나 차량이 왕래한 횟수를 나타냄]
服务 fúwù 동 봉사하다, 서비스하다
行业 hángyè 명 업종, 분야
发展 fāzhǎn 동 발전하다
竞争 jìngzhēng 동 경쟁하다
老百姓 lǎobǎixìng 명 대중, 일반인, 평민
的确 díquè 부 확실히, 분명히

档 dàng 명 등급, 수준
酒店 jiǔdiàn 명 호텔
小吃 xiǎochī 명 간단한 먹을거리
摊儿 tānr 명 노점상
卫生 wèishēng 명 위생 형 깨끗하다
条件 tiáojiàn 명 조건, 기준
肚子 dùzi 명 복부, 배
糟 zāo 형 야단나다, (일을) 망치다

✏️ 표현 단어

出错 chūcuò 동 실수를 하다
中药 zhōngyào 명 한방약, 중국 의약
有效 yǒuxiào 형 유효하다, 효력이 있다
手术 shǒushù 명 수술
粮食 liángshi 명 식량, 양식
产量 chǎnliàng 명 생산량
增加 zēngjiā 동 증가하다, 더하다, 늘리다
分之 fēnzhī ~분의
结实 jiēshi 형 굳다, 단단하다
用力 yònglì 동 힘을 내다, 힘을 들이다
断 duàn 동 자르다, 끊다
盐 yán 명 소금
滑 huá 형 미끄럽다
虚词 xūcí 명 허사
复杂 fùzá 형 복잡하다
迷 mí 명 애호가

▶ 고유명사

陕西 Shǎnxī 고유 산시성 [지명]

1 언제 찾을 수 있나요? 🎧 08-02

사장 你好！欢迎光临！
Nǐ hǎo! Huānyíng guānglín!

아이쩐 你好！我干洗几件衣服。
Nǐ hǎo! Wǒ gānxǐ jǐ jiàn yīfu.

사장 好的。两件衬衫，一条裤子，一条裙子，一件外套，
Hǎo de. Liǎng jiàn chènshān, yì tiáo kùzi, yì tiáo qúnzi, yí jiàn wàitào,

一共五件。放这儿吧。
yígòng wǔ jiàn. Fàng zhèr ba.

아이쩐 师傅，什么时候可以取？
Shīfu, shénme shíhou kěyǐ qǔ?

사장 一般三天之后取，急着穿的话，两天也行。❶❷
Yìbān sān tiān zhīhòu qǔ, jízhe chuān dehuà, liǎngtiān yě xíng.

아이쩐 能不能再快点儿？特别是那条裙子，❸ 我急着穿。
Néng bu néng zài kuài diǎnr? Tèbié shì nà tiáo qúnzi, wǒ jízhe chuān.

사장 这样的话，每件衣服加五块钱。
Zhèyàng dehuà, měi jiàn yīfu jiā wǔ kuài qián.

아이쩐 好吧，我明天中午来取。对了，外套左袖子上有
Hǎo ba, wǒ míngtiān zhōngwǔ lái qǔ. Duì le, wàitào zuǒ xiùzi shang yǒu

一块儿油渍，洗的时候注意一下。
yí kuàir yóuzì, xǐ de shíhou zhùyì yíxià.

사장 好的，我们尽量给您洗，但是不一定能洗干净。
Hǎo de, wǒmen jǐnliàng gěi nín xǐ, dànshì bù yídìng néng xǐ gānjìng.

| 아이쩐 | 一共多少钱？
Yígòng duōshao qián?

| 사장 | 八十五块。
Bāshíwǔ kuài.

2 제 핸드폰 좀 봐 주세요. 🎧 08-03

| 펄롱 | 师傅，麻烦您帮我看看我的手机。
Shīfu, máfan nín bāng wǒ kànkan wǒ de shǒujī.

| 사장 | 您稍微等一下，这就来。❹ 什么毛病？
Nín shāowēi děng yíxià, zhè jiù lái.　　Shénme máobìng?

| 펄롱 | 不小心摔了一下，屏幕黑了，什么都不显示了。
Bù xiǎoxīn shuāi le yíxià, píngmù hēi le, shénme dōu bù xiǎnshì le.

| 사장 | 摔得挺厉害的，这儿都裂了。来电话还能响吗？
Shuāi de tǐng lìhai de, zhèr dōu liè le.　　Lái diànhuà hái néng xiǎng ma?

| 펄롱 | 能听见响，可是没法接听。
Néng tīngjiàn xiǎng, kěshì méi fǎ jiētīng.

| 사장 | 那还好，里面没摔坏，换个屏幕就行。
Nà hái hǎo, lǐmiàn méi shuāihuài, huàn ge píngmù jiù xíng.

| 펄롱 | 换个屏幕多少钱？
Huàn ge píngmù duōshao qián?

| 사장 | 贵的四百，便宜的二百。
Guì de sìbǎi, piányi de èrbǎi.

| 펄롱 | 我正要换新手机，
Wǒ zhèng yào huàn xīn shǒujī,

先随便换个便宜的吧。麻烦您快点儿,我急着用。
xiān suíbiàn huàn ge piányi de ba. Máfan nín kuài diǎnr, wǒ jízhe yòng.

사장 好,过二十分钟来取。
Hǎo, guò èrshí fēnzhōng lái qǔ.

펄롱 好,我出去一趟,⑤ 取点儿钱。
Hǎo, wǒ chūqù yí tàng, qǔ diǎnr qián.

3 베이징 서비스업의 발전 🎧 08-04

北京的服务行业这些年发展很快,竞争得也很
Běijīng de fúwù hángyè zhèxiē nián fāzhǎn hěn kuài, jìngzhēng de yě hěn

厉害。不过,老百姓的生活的确方便多了。⑥ 就拿吃饭
lìhai. Búguò, lǎobǎixìng de shēnghuó díquè fāngbiàn duō le. Jiù ná chī fàn

来说吧,⑦ 有高档的大酒店,也有低档的小饭馆儿。如果
láishuō ba, yǒu gāodàng de dà jiǔdiàn, yě yǒu dīdàng de xiǎo fànguǎnr. Rúguǒ

你愿意的话,有时还可以花十几块钱在路边的小吃
nǐ yuànyì dehuà, yǒushí hái kěyǐ huā shí jǐ kuài qián zài lùbiān de xiǎochī

摊儿吃饭,既便宜又方便。不过,你千万要小心,有的
tānr chī fàn, jì piányi yòu fāngbiàn. Búguò, nǐ qiānwàn yào xiǎoxīn, yǒude

小吃摊儿卫生条件不太好,
xiǎochī tānr wèishēng tiáojiàn bú tài hǎo,

要是吃坏了肚子,
yàoshi chīhuài le dùzi,

那就糟啦。
nà jiù zāo la.

你说是不是?
Nǐ shuō shì bu shì?

표현 익히기

1 急着 급히, 서둘러

急着穿的话，两天也行。

'急着 + 동사'는 어떤 일을 서둘러서 급하게 하거나 해야 함을 나타낸다. 이때 동사는 '急着'의 목적이 된다.

- 早上我急着去教室，忘了带钥匙。
  Zǎoshang wǒ jízhe qù jiàoshì, wàng le dài yàoshi.
  아침에 나는 서둘러 교실에 가느라 열쇠 가져가는 것을 잊어버렸다.

- 别急着走啊，再坐会儿。
  Bié jízhe zǒu a, zài zuò huìr.
  서둘러 떠나지 말고 좀 더 앉아 계세요.

- 他一进门就急着问：“你看见老王了吗？”
  Tā yí jìn mén jiù jízhe wèn: "Nǐ kànjiàn Lǎo Wáng le ma?"
  그는 문에 들어서자마자 급히 물었다. "너 라오왕 봤니?"

✼ '笑着回答' '坐着上课' 등에서의 '着'는 위에서 설명한 '急着'의 '着'와 다른 용법이다. 여기에서 '着'는 '～하면서 ～하고 있다'라는 의미로, '웃으면서 대답하다' '앉아서 수업을 듣다'의 뜻이다.

2 ……的话 ～하다면, ～이면

急着穿的话，两天也行。

'……的话'는 가정문의 또 다른 형식으로, 회화에서 많이 쓰인다. 앞에 '如果' '要是' '假如' 등 가정을 나타내는 접속사가 올 수 있다.

- 你去不了的话，可以让别人去。
  Nǐ qùbuliǎo dehuà, kěyǐ ràng biérén qù.
  네가 갈 수 없다면 다른 사람을 보내도 된다.

- 做这个工作不认真的话，就会出错。
  Zuò zhège gōngzuò bú rènzhēn dehuà, jiù huì chūcuò.
  이 일은 신경 써서 하지 않으면 실수가 생길 수 있다.

- 如果吃中药有效的话，就不用做手术了。
  Rúguǒ chī zhōngyào yǒuxiào dehuà, jiù búyòng zuò shǒushù le.
  만약 한약을 먹어서 효과가 있다면 수술할 필요가 없다.

- 要是你不相信的话，那就算了。
  Yàoshi nǐ bù xiāngxìn dehuà, nà jiù suàn le.
  만약 당신이 못 믿겠다면, 할 수 없죠.

3 特别是 특히나

特别是那条裙子……

'特别是'는 '특히, 특히나'라는 의미로, 같은 부류 중에서도 가장 두드러지고 특출난 것을 설명할 때 쓴다. 뒤에는 명사나 동사가 주로 온다.

- 我们班同学进步都很快，特别是望月。
  Wǒmen bān tóngxué jìnbù dōu hěn kuài, tèbié shì Wàngyuè.
  우리 반 학생들은 발전이 매우 빠른데, 특히 모치즈키가 그렇다.

- 今年情况比较好，特别是粮食产量比去年增加了三分之一。
  Jīnnián qíngkuàng bǐjiào hǎo, tèbié shì liángshi chǎnliàng bǐ qùnián zēngjiā le sān fēnzhī yī.
  올해는 상황이 좋은 편인데, 특히 곡식 생산량이 작년보다 1/3 증가했다.

- 我不喜欢做饭，特别是包饺子，麻烦死了。
  Wǒ bù xǐhuan zuò fàn, tèbié shì bāo jiǎozi, máfan sǐ le.
  나는 요리하는 것을 싫어한다. 특히 만두(쟈오즈) 빚는 것을 싫어하는데, 정말 너무 귀찮다.

4 稍微 조금, 약간, 다소

您稍微等一下，这就来。

'稍微'는 수량이 적거나 정도가 심하지 않음을 나타내는데, 다음과 같이 세 가지 용법으로 주로 쓰인다.

(1) 稍微 + 동사
  이때 동사는 주로 중첩하고, 동사 앞에 부사 '一(~하자마자)' 또는 뒤에 '一会儿' '一些' '一下' 등이 온다.

- 老师马上就来，你们稍微等一等。
  Lǎoshī mǎshàng jiù lái, nǐmen shāowēi děng yi děng.
  선생님이 곧 오실 테니 조금만 기다리렴.

- 这个书包的带子不结实，稍微一用力就断了。
  Zhège shūbāo de dàizi bù jiēshi, shāowēi yí yònglì jiù duàn le.
  이 가방 끈은 튼튼하지 않아서 조금 힘을 줬더니 끊어져 버렸다.

(2) 稍微 + 형용사/동사 + 一点儿/一些

- 我比她稍微高一点儿。
  Wǒ bǐ tā shāowēi gāo yìdiǎnr.
  나는 그녀보다 키가 조금 더 크다.

- 最近老董的身体稍微好一些了。
  Zuìjìn Lǎo Dǒng de shēntǐ shāowēi hǎo yìxiē le.
  최근에 라오둥의 건강이 약간 좋아졌다.

- 往汤里稍微加一点儿盐，味道会更好。
  Wǎng tāng li shāowēi jiā yìdiǎnr yán, wèidào huì gèng hǎo.
  국에 소금을 좀 더 넣으면 맛이 훨씬 좋아질 것이다.

(3) 稍微 + 不 + 형용사/동사
    앞에 부정부사가 나올 때는 주로 '注意' '小心' '留神(주의하다)' 등의 단어가 자주 쓰이며, 뒤에는 '就'를 써서 결과를 이끌어낸다.

- 路很滑，稍微不小心就会摔倒。
  Lù hěn huá, shāowēi bù xiǎoxīn jiù huì shuāidǎo.
  길이 미끄러워서 조금만 주의하지 않으면 넘어질 것이다.

- 汉语的虚词比较复杂，稍微不注意，就可能用错。
  Hànyǔ de xūcí bǐjiào fùzá, shāowēi bú zhùyì, jiù kěnéng yòngcuò.
  중국어의 허사는 복잡해서 조금만 주의하지 않으면 잘못 사용할 수 있다.

5 趟 번, 차례

> 我出去一趟……

'趟'은 동량사로서 한 번 갔다가 오는 왕복의 동작을 나타낸다. 한 번 왕복하는 것은 '一趟'이라고 표현한다. 수사와 함께 쓰여 동량보어의 역할을 하기도 한다.

- 昨天李钟文去了一趟超市。
  Zuótiān Lǐ Zhōngwén qù le yí tàng chāoshì.
  어제 이종문은 슈퍼마켓에 한 번 다녀왔다.

- 周末我打算回一趟家。
  Zhōumò wǒ dǎsuàn huí yí tàng jiā.
  주말에 나는 집에 한 번 다녀올 계획이다.

- 我找了飞龙三趟，他都不在。
  Wǒ zhǎo le Fēilóng sān tàng, tā dōu bú zài.
  나는 펄롱을 세 번이나 찾아갔지만 그는 모두 없었다.

6 多了 대단히, 훨씬

老百姓的生活的确方便多了。

'형용사 + 多了'는 차이의 정도가 큼을 나타낸다. 변화 또는 이전 상황과의 비교에 쓰인다.

- 这孩子比以前胖多了。
  Zhè háizi bǐ yǐqián pàng duō le.
  이 아이는 전보다 훨씬 뚱뚱해졌다.

- 有他参加，我们的晚会就热闹多了。
  Yǒu tā cānjiā, wǒmen de wǎnhuì jiù rènao duō le.
  그가 참석해서 우리의 이브닝 파티가 훨씬 활기차졌다.

- 跟大商场比，有的东西在网上买便宜多了。
  Gēn dà shāngchǎng bǐ, yǒu de dōngxi zài wǎngshàng mǎi piányi duō le.
  대형 상점과 비교해 볼 때 어떤 물건은 인터넷에서 사는 것이 훨씬 싸다.

※ '多了'가 쓰인 구나 절에는 항상 비교 대상이 있지만, 말하는 사람과 듣는 사람이 모두 알고 있는 사실에 대해 말할 경우 특별히 언급하지 않는다.

  A 怎么样了？ 어때?
    Zěnmeyàng le?

  B 好多了。 많이 좋아졌어.
    Hǎo duō le.
    (비교 대상이 '지난번' 또는 '어제' 등이다.)

拿……来说 ~으로 말하자면, ~에 대해 말하자면

就**拿**吃饭**来说**吧……

'拿……来说'는 자신의 말이 사실이고, 견해가 정확하다는 것을 강조하기 위해 예를 들어 설명할 때 쓴다. '拿'와 '来说'의 사이에는 명사(구)나 동사구가 올 수 있다.

- 我们班每个人都有自己的爱好，**拿**李钟文**来说**吧，他是个电脑迷。
  Wǒmen bān měi ge rén dōu yǒu zìjǐ de àihào, ná Lǐ Zhōngwén láishuō ba, tā shì ge diànnǎo mí.
  우리 반은 모든 학생이 자신만의 취미가 있다. 이종문으로 말하자면, 그는 컴퓨터광이다.

- 不同地方的人有不同的口味，**拿**陕西人**来说**，就喜欢吃酸辣的。
  Bùtóng dìfang de rén yǒu bùtóng de kǒuwèi, ná Shǎnxī rén láishuō, jiù xǐhuan chī suān là de.
  지역이 다르면 입맛도 다르다. 산시 사람들로 말하자면, 시고 매운 음식을 좋아한다.

- 现在一家人都听孩子的，**拿**看电视**来说**，孩子要看什么大人们就得看什么。
  Xiànzài yìjiārén dōu tīng háizi de, ná kàn diànshì láishuō, háizi yào kàn shénme dàrenmen jiù děi kàn shénme.
  요즘은 모든 가족이 아이의 의견을 따른다. 텔레비전 시청으로 말하자면, 아이가 뭘 보고 싶어 하면 어른들도 그것을 봐야 한다.

내공 쌓기

1 '······的话'를 사용하여 다음 그림의 상황을 설명해 보세요.

❶

_____
_____

❷

_____
_____

❸

_____
_____

❹

_____
_____

❺

_____
_____

2 '特别是'를 사용하여 대화를 완성해 보세요.

① A 你们这儿是不是经常下雨?

　　B 对，_____。

② A 我发现望月他们班的同学都特别喜欢打球。

　　B 是的，_____，各种球都会打。

③ A 这个饭馆儿的菜味道太重了。

　　B 嗯，_____，又咸又辣。

④ A 你是用什么办法减肥的?

　　B 每天多吃蔬菜，少吃主食，_____。

> 主食 zhǔshí 명 주식

3 괄호 안의 단어를 사용하여 문장을 완성해 보세요.

① 我们学校的生活很方便，_____。　（拿……来说）

② 飞龙觉得汉语很难，_____。　（拿……来说）

③ 开车的时候一定要小心，_____。　（稍微）

④ 这篇作文写得不错，只是有些小问题，_____。（稍微）

⑤ 那家超市里的东西_____。　（多了）

⑥ 李钟文早上一起床_____。　（急着）

⑦ _____，最好去医院看看。　（厉害）

⑧ 你一边走一边看手机，_____。　（小心）

4 보기에서 알맞은 동량보어를 골라 문장을 완성해 보세요.

> 보기 一次   一趟   一下

① 哎呀，没有盐了，老王，你跑_____，买一包盐来。

② 我只见过安娜_____。

③ 请你解释_____这个词的意思。

④ 那儿交通不方便，回去_____挺不容易的。

⑤ 好，我买了，麻烦您给包_____吧。

安娜 Ānnà 고유 안나 [인명] | 解释 jiěshì 동 해석하다, 해설하다 | 交通 jiāotōng 명 교통

5 이 과에서 배운 새 단어를 사용하여 빈칸을 채워 보세요.

① 本店今天开业，欢迎朋友们_____。

② 老董从来不抽高_____烟。

③ 这几年北京的旅游业_____得很快。

④ 今天点菜点得太多了，大家_____多吃呀，吃不完就浪费了。

⑤ 有1000个毕业生报名参加这次考试，_____得很厉害。

⑥ 师傅，您看看我的手表出什么_____了，怎么不走了？

⑦ 大家游览的时候，既要看景色，也要_____脚下的路。

⑧ 我长胖了一些，以前的衣服穿起来都_____小了点。

开业 kāiyè 동 개업하다 | 浪费 làngfèi 동 낭비하다 | 长胖 zhǎngpàng 동 살찌다

자유롭게 말하기

1 다음 대화를 완성해 보세요.

A 师傅，您看看_____。

B 这洗衣机怎么了？

A _____。

B 放这儿吧。

A 要多少钱？

B 我看了以后_____。

A _____？

B 一个星期吧。

A 能不能快点儿？_____。

B 你想快点儿的话，_____。

A 行，可是别太贵了。

B 要是比买新的还贵的话，_____。

洗衣机 xǐyījī 명 세탁기

베이징의 시장

北京的市场
Běijīng de shìchǎng

09

- **학습 목표**
  각 시장의 특징과 장단점을 설명할 수 있다.

- **표현 포인트**
  要不 | 正好 | 多 | 听说 | 不用 | 不如

단어 익히기 🎧 09-01

🔊 회화 단어

电器 diànqì 명 전기 기구, 가전제품
商城 shāngchéng 명 대형 상가, 쇼핑 타운
品种 pǐnzhǒng 명 품종, 제품의 종류
逛 guàng 동 구경하다, 쇼핑하다, 여기저기 돌아다니다
要不 yàobù 접 그렇지 않으면
正好 zhènghǎo 부 마침, 때마침 형 (시간·수량·길이·위치 등이) 매우 적합하다
陪 péi 동 동반하다, 모시다
讲价 jiǎngjià 동 값을 흥정하다
连锁店 liánsuǒdiàn 프랜차이즈, 체인점
全 quán 형 전체의, 전부의, 모든
价格 jiàgé 명 가격, 값
统一 tǒngyī 동 통일하다, 일치되다
网店 wǎngdiàn 명 인터넷 쇼핑몰
批发 pīfā 동 도매하다
市场 shìchǎng 명 시장
日常 rìcháng 명 일상의, 일상적인
生活 shēnghuó 명 생활 동 생활하다
用品 yòngpǐn 명 용품, 소품, 물품
受骗 shòupiàn 동 속다, 사기를 당하다
骗 piàn 동 속이다, 기만하다
瞧 qiáo 동 보다, 구경하다
不用 búyòng 부 ~할 필요가 없다
不如 bùrú 동 ~만 못하다
货 huò 명 물품, 상품, 물건
拎 līn 동 손에 들다

网购 wǎnggòu 동 인터넷 쇼핑을 하다
乐趣 lèqù 명 즐거움, 기쁨, 재미
各种各样 gè zhǒng gè yàng 각양각색, 각종, 여러 종류
家具 jiājù 명 가구
下单 xiàdān 동 주문하다
付款 fù kuǎn 돈을 지불하다
快递 kuàidì 명 특급 우편, 속달, 택배 동 배달하다, 전달하다
质量 zhìliàng 명 품질, 질

✏️ 표현 단어

赶快 gǎnkuài 부 빨리, 얼른, 어서
行李 xíngli 명 짐, 여행짐
涮羊肉 shuàn yángròu 양고기 샤부샤부
明星 míngxīng 명 인기 스타
管 guǎn 동 관여하다
人手 rénshǒu 명 일손, 일하는 사람

회화 배우기

1 어디에 가서 사야 좋을까요? 09-02

펄롱: 我想换个新手机，去哪里买比较好？
Wǒ xiǎng huàn ge xīn shǒujī, qù nǎli mǎi bǐjiào hǎo?

황용: 离学校不远有个苏宁电器商城，那里手机品种很多，
Lí xuéxiào bù yuǎn yǒu ge Sūníng diànqì shāngchéng, nàli shǒujī pǐnzhǒng hěn duō,

可以去那里逛逛。
kěyǐ qù nàli guàngguang.

펄롱: 这个苏宁电器商城怎么走？
Zhège Sūníng diànqì shāngchéng zěnme zǒu?

황용: 要不这样吧，❶ 我正好要买电脑，❷ 我陪你去一趟。
Yàobù zhèyàng ba, wǒ zhènghǎo yào mǎi diànnǎo, wǒ péi nǐ qù yí tàng.

펄롱: 那太好了，你顺便帮我讲讲价。
Nà tài hǎo le, nǐ shùnbiàn bāng wǒ jiǎngjiang jià.

황용: 那是中国最大的电器连锁店，全国价格统一，不讲价。
Nà shì Zhōngguó zuì dà de diànqì liánsuǒdiàn, quánguó jiàgé tǒngyī, bù jiǎngjià.

펄롱: 那价格是不是挺贵呢？
Nà jiàgé shì bu shì tǐng guì ne?

황용: 不贵，跟网店的价格差不多。品种很多，有便宜的。
Bú guì, gēn wǎngdiàn de jiàgé chàbuduō. Pǐnzhǒng hěn duō, yǒu piányi de.

펄롱: 我只想买个一千多的。❸
Wǒ zhǐ xiǎng mǎi ge yìqiān duō de.

2 싼 게 비지떡 🎧 09-03

A 听说附近新开了个批发市场，卖的都是日常生活用品。❹
Tīngshuō fùjìn xīn kāi le ge pīfā shìchǎng, mài de dōu shì rìcháng shēnghuó yòngpǐn.

B 你是不是又想花钱了？
Nǐ shì bu shì yòu xiǎng huāqián le?

A 批发市场里东西便宜，还能讲价，花不了多少钱。
Pīfā shìchǎng li dōngxi piányi, hái néng jiǎngjià, huābuliǎo duōshao qián.

B 小心点儿吧，在批发市场买东西可能会受骗。
Xiǎoxīn diǎnr ba, zài pīfā shìchǎng mǎi dōngxi kěnéng huì shòupiàn.

A 那可不一定，要不你陪我去瞧瞧。
Nà kě bù yídìng, yàobù nǐ péi wǒ qù qiáoqiao.

B 你真不用去了，❺ 那儿我去过，东西真不如大商场的好。❻
Nǐ zhēn búyòng qù le, nàr wǒ qùguo, dōngxi zhēn bùrú dà shāngchǎng de hǎo.

A 这我知道，一分价钱一分货嘛。
Zhè wǒ zhīdào, yìfēn jiàqián yìfēn huò ma.

B 要想便宜可以在网上买啊，还不用自己跑过去，再大包小包地拎回来。
Yào xiǎng piányi kěyǐ zài wǎngshàng mǎi a, hái búyòng zìjǐ pǎo guòqu, zài dàbāo xiǎobāo de līn huílai.

A 这你就不懂了，网购不如逛市场有乐趣。
Zhè nǐ jiù bù dǒng le, wǎnggòu bùrú guàng shìchǎng yǒu lèqù.

3. 인터넷 쇼핑의 장단점 🎧 09-04

现在买东西越来越方便了，有大商场，有超市，
Xiànzài mǎi dōngxi yuè lái yuè fāngbiàn le, yǒu dà shāngchǎng, yǒu chāoshì,

有小商店，还有各种各样的批发市场。如果没有时间
yǒu xiǎo shāngdiàn, hái yǒu gè zhǒng gè yàng de pīfā shìchǎng. Rúguǒ méiyǒu shíjiān

逛商店，也可以上网，在网店买东西。网店卖什么的
guàng shāngdiàn, yě kěyǐ shàngwǎng, zài wǎngdiàn mǎi dōngxi. Wǎngdiàn mài shénme de

都有，吃的、穿的、用的、手机、电脑、家具……在
dōu yǒu, chī de, chuān de, yòng de, shǒujī, diànnǎo, jiājù…… zài

网上选好想买的东西，下单付款，过两天快递公司就
wǎngshàng xuǎnhǎo xiǎng mǎi de dōngxi, xiàdān fùkuǎn, guò liǎngtiān kuàidì gōngsī jiù

会把东西送到你家里。不过网购一定要小心，不小心
huì bǎ dōngxi sòngdào nǐ jiā li. Búguò wǎnggòu yídìng yào xiǎoxīn, bù xiǎoxīn

就可能买到质量不好的东西。
jiù kěnéng mǎidào zhìliàng bù hǎo de dōngxi.

 **표현 익히기**

1　要不　만약 그렇지 않으면

要不这样吧……

(1) '要不'는 앞에서 말한 상황에 대해 부정적인 가정을 하고, 그 가정의 결과를 이끌어 낼 때 쓴다. 주로 회화에서 많이 쓰인다.

- 这么晚了，赶快回家吧，要不家里会不放心的。
  Zhème wǎn le, gǎnkuài huí jiā ba, yàobù jiā li huì bú fàngxīn de.
  너무 늦었네. 얼른 집으로 돌아가자. 그렇지 않으면 (만약 서둘러 집에 가지 않는다면) 가족들이 걱정할 거야.

- 赶快走，要不就赶不上火车了。
  Gǎnkuài zǒu, yàobù jiù gǎnbushàng huǒchē le.
  빨리 가자. 그렇지 않으면 (만약 서둘러 가지 않는다면) 기차를 놓칠 거야.

- 你来接我太好了，要不我一个人怎么拿这些行李呀？
  Nǐ lái jiē wǒ tài hǎo le, yàobù wǒ yí ge rén zěnme ná zhèxiē xíngli ya?
  네가 마중 나와서 정말 다행이야. 그렇지 않았으면 (만약 네가 마중나오지 않았다면) 나 혼자 어떻게 이 짐들을 가져 가겠니?

(2) 선택의 의미를 나타내기도 하는데, 건의·제안의 뜻으로 회화에서 주로 쓰인다.

- 要不七块(钱)吧，我买俩。
  Yàobù qī kuài (qián) ba, wǒ mǎi liǎ.
  7위안으로 하죠. 두 개 살게요.

- 吃饺子太麻烦了，要不吃面条儿吧。
  Chī jiǎozi tài máfan le, yàobù chī miàntiáor ba.
  만두(쟈오즈)를 먹는 건 너무 번거로우니까 국수를 먹자.

- 已经十二点了，要不你今天就住在我家吧。
  Yǐjīng shí'èr diǎn le, yàobù nǐ jīntiān jiù zhù zài wǒ jiā ba.
  벌써 12시네요. 오늘은 우리 집에서 묵도록 해요.

2 正好 마침

我正好要买电脑……

'正好'는 다음과 같이 두 가지 용법으로 쓰인다.

(1) 부사로 쓰여 '알맞게, 때마침, 공교롭게'라는 의미를 나타낸다.

- 想找个人陪我去逛逛商店，正好你来了。
  Xiǎng zhǎo ge rén péi wǒ qù guàngguang shāngdiàn, zhènghǎo nǐ lái le.
  같이 상점을 둘러볼 사람을 찾고 있었는데, 마침 네가 왔구나.

- 李钟文坐在操场旁边看书，一个篮球正好打在他头上。
  Lǐ Zhōngwén zuò zài cāochǎng pángbiān kàn shū, yí ge lánqiú zhènghǎo dǎ zài tā tóu shàng.
  이종문이 운동장 옆에 앉아 책을 보고 있었는데, 농구공이 공교롭게 그의 머리를 때렸다.

(2) 형용사로 쓰여 시간·수량·길이·위치 등이 매우 적당함을 나타낸다.

- 老王走进办公室的时候正好八点。
  Lǎo Wáng zǒujìn bàngōngshì de shíhou zhènghǎo bā diǎn.
  라오왕이 사무실에 들어갔을 때 마침 8시였다.

- 您看，不多不少，正好两斤。
  Nín kàn, bù duō bù shǎo, zhènghǎo liǎng jīn.
  보세요. 많지도 적지도 않고 딱 두 근이에요.

- 43号的鞋，我穿正好。
  Sìshísān hào de xié, wǒ chuān zhènghǎo.
  43호 신발이 나에게 딱 맞다.

3 多 ~여, ~남짓

我只想买个一千多的。

'多'는 수사나 양사 뒤에 쓰여, 대략적인 수를 나타낸다.

- 我们已经学了一百多个生词了。
  Wǒmen yǐjīng xué le yìbǎi duō ge shēngcí le.
  우리는 이미 백여 개의 새 단어를 배웠다.

- 老董吃涮羊肉，一顿能吃二斤多。
  Lǎo Dǒng chī shuàn yángròu, yí dùn néng chī èr jīn duō.
  라오둥은 양고기 샤부샤부를 한 끼에 두 근 넘게 먹을 수 있다.

- 今年的产量比去年增加了一倍多。
  Jīnnián de chǎnliàng bǐ qùnián zēngjiā le yí bèi duō.
  올해의 생산량은 작년보다 배가 넘게 증가했다.

4 听说 듣자 하니

听说附近新开了个批发市场，卖的都是日常生活用品。

'听说'는 '(다른 사람에게) 듣자 하니'라는 뜻으로, 어떤 소식의 출처를 설명할 때 쓴다.

- 听说这家商店正在大减价，咱们去看看吧。
  Tīngshuō zhè jiā shāngdiàn zhèngzài dà jiǎnjià, zánmen qù kànkan ba.
  이 상점은 지금 바겐세일 중이라고 하니 우리 가 보자.

- 这个周末有很多电影明星要来咱们学校，你听说了吗?
  Zhège zhōumò yǒu hěn duō diànyǐng míngxīng yào lái zánmen xuéxiào, nǐ tīngshuō le ma?
  이번 주말에 많은 영화배우가 우리 학교에 온다던데, 너 소식 들었어?

5 不用 ~할 필요가 없다, ~하지 마라

你真不用去了……

'不用'은 '~하지 마라(别，不要，不必)' 또는 '~할 필요가 없다(不需要)'의 뜻으로, 어떤 일이 필요치 않다는 것을 의미한다.

- 我自己的事不用别人管。
  Wǒ zìjǐ de shì búyòng biérén guǎn.
  내 개인의 일이니 다른 사람이 상관할 필요가 없다.

- 你不用为了这么一点儿小事生气。
  Nǐ búyòng wèile zhème yìdiǎnr xiǎoshì shēngqì.
  넌 이렇게 작은 일로 화낼 필요가 없어.

- 我们这儿人手已经够了，不用请人帮忙了。
  Wǒmen zhèr rénshǒu yǐjīng gòu le, búyòng qǐng rén bāngmáng le.
  이곳은 일손이 이미 충분하니 다른 사람에게 도움을 청할 필요가 없다.

- 书我已经买到了，你不用帮我借了。
  Shū wǒ yǐjīng mǎidào le, nǐ búyòng bāng wǒ jiè le.
  나는 (그) 책을 이미 샀으니 빌리는 것을 도와주지 않아도 돼요.

> ✱ 이러한 '用'의 용법은 긍정문에서는 거의 쓰이지 않고, 의문문이나 반어문에서 쓰인다.
>
> 在走以前，我用不用给你打电话？
> Zài zǒu yǐqián, wǒ yòng bu yòng gěi nǐ dǎ diànhuà?
> 가기 전에 당신에게 전화를 해야 하나요?
>
> 这还用说？我一定帮你办！
> Zhè hái yòng shuō? Wǒ yídìng bāng nǐ bàn!
> 말할 필요도 없죠! 내가 반드시 당신을 도와줄게요.

 不如 ~만 못하다

东西真不如大商场的好。

'不如'는 비교 구문에서 쓰이며, 다음과 같이 두 가지 기본 형식이 있다.

(1) A不如B: A는 B만 못하다, B가 A보다 낫다

- 他们班不如我们班。
  Tāmen bān bùrú wǒmen bān.
  그 반은 우리 반보다 못하다.

- 他们的不如我的。
  Tāmen de bùrú wǒ de.
  그들의 것은 내 것보다 못하다.

- 奶奶的身体不如以前了。
  Nǎinai de shēntǐ bùrú yǐqián le.
  할머니의 건강이 이전만 못하시다.

- 去近的地方，坐车不如骑车。
  Qù jìn de dìfang, zuò chē bùrú qí chē.
  가까운 곳에 갈 때는 차를 타는 것보다 자전거를 타는 것이 낫다.

(2) A不如B + 형용사/동사/동사구: A는 B만큼 ~하지 못하다

- **骑车不如坐车快。**
  Qí chē bùrú zuò chē kuài.
  자전거를 타는 것은 차를 타는 것만큼 빠르지 않다.

- **这个学期的学生不如上个学期多。**
  Zhège xuéqī de xuéshēng bùrú shàng ge xuéqī duō.
  이번 학기 학생은 지난 학기만큼 많지 않다.

- **这篇作文不如那篇写得好。**
  Zhè piān zuòwén bùrú nà piān xiě de hǎo.
  이 작문은 저것보다 잘 쓰지 못했다.

- **今天的菜炒得不如昨天好。**
  Jīntiān de cài chǎo de bùrú zuótiān hǎo.
  오늘의 요리는 어제만큼 잘 볶지 못했다.

내공 쌓기

1 '要不'를 사용하여 문장을 완성해 보세요.

① 学外语应该学了就用，_____。

② 上课别迟到，_____。

③ 学习汉语一定要学好发音，_____。

④ 有不明白的地方一定要问，_____。

⑤ 晚上早点睡，_____。

2 보기와 같이 '不如'를 사용하여 문장을 고쳐 보세요.

> 보기 小王1米75，小李1米72。 → 小李<u>不如</u>小王高。

① 李钟文唱歌唱得很好，飞龙唱歌唱得一般。

→ _____

② 这种西瓜甜，那种不太甜。

→ _____

③ 爱珍是班里说汉语最流利的学生。

→ _____

> 보기 今天<u>不如</u>昨天凉快。

④ 今天没课，在宿舍睡觉_____。

09 北京的市场 137

❺ 以前中国人认为女孩儿_____，所以很多地方的人都喜欢生男孩儿。

❻ 我觉得北海公园的风景_____。

3 괄호 안의 단어 중 알맞은 것을 골라 문장을 완성해 보세요.

❶ 他被那儿美丽的景色迷_____了。　　　　　（住 / 好 / 上）

❷ 现在很多孩子都迷_____了网络游戏。　　　（住 / 好 / 上）

❸ 他说得_____没错。　　　　　　　　　　（一点儿也 / 很 / 有点儿）

❹ 他很小的时候_____开始学英语了。　　　　（才 / 从来 / 就）

❺ 他们说话的时候，爱珍正好_____。　　　（听不见 / 听见了 / 听得见）

❻ 昨天上课飞龙_____老师批评了。　　　　　（让 / 被 / 把）

❼ 香山太远了，_____咱们去圆明园吧。　　　（就 / 要不 / 而）

❽ 明天的考试很容易，大家_____准备很长时间。（要不 / 不用 / 听说）

网络 wǎngluò 명 네트워크, 인터넷 | **圆明园** Yuánmíngyuán 고유 위안밍위안

4 앞서 제7과에서 여행 계획을 소개하는 내용을 다루었습니다. 다음 그림 속 친구들은 함께 여행 계획을 세우고 있습니다. 주어진 문장과 '不如' '要不'를 사용하여 대화를 나눠 보세요.

- 你去哪儿?
- 为什么?
- 你说呢?
- 你们的决定。

洛阳　　　　　　山西

北京→龙门石窟→少林寺→黄河　　北京→云冈石窟→黄土高原

---

5 괄호 안의 단어를 사용하여 대화를 완성해 보세요.

❶ A 你知道哪儿可以游泳吗?

　B _____ (听说)

　　[不知道；飞龙可能知道]

❷ A _____ (听说)

　　[一个朋友告诉他……]

　B 是吗? 要不, 咱们今天晚上去看看。

❸ A 要不, 我下午再来一趟吧。

　B _____ (不用)

　　[可以打电话]

09 北京的市场　139

❹ A 这个练习要做吗?

　　B _____ (不用)

　　[当然]

❺ A 大同的云冈石窟怎么样?

　　B _____ (正好)

　　[不太清楚，你可以问望月]

❻ A 老师刚才说什么?

　　B _____ (正好)

　　[我也不知道]

6 이 과에서 배운 새 단어를 사용하여 빈칸을 채워 보세요.

❶ 这里的鞋子_____非常多。

❷ 只要有时间，她就喜欢_____商店。

❸ 你不是想了解那里的情况吗？小王_____是从那里来的。

❹ 她从来不_____，因为她觉得网店的东西_____不好。

❺ 姐姐觉得逛批发市场是一种_____。

❻ 爸爸妈妈都很忙，没有时间_____孩子玩儿。

❼ 那个人_____了我200块钱。

❽ 好_____不便宜，便宜没好_____。

자유롭게 말하기

1 당신은 어디에 가서 어떤 물건을 살 건가요? 그 이유는 무엇인가요? 제시된 표를 참고하여 자유롭게 이야기해 보세요.

장소	물건	이유
百货商店 中高档大商场 连锁店、超市 各种批发市场	蔬菜、水果 食品 牙膏、香皂等日用品 袜子、内衣等 毛衣、外衣、鞋 电器 文具	价钱 质量 人数 讲价 种类 ……

食品 shípǐn 명 식품 | 牙膏 yágāo 명 치약 | 香皂 xiāngzào 명 세수 비누 | 日用品 rìyòngpǐn 명 일용품, 생필품 | 袜子 wàzi 명 양말 | 内衣 nèiyī 명 내의, 속옷 | 毛衣 máoyī 명 털옷, 스웨터 | 文具 wénjù 명 문구 | 人数 rénshù 명 사람 수

중국 명승지와 명언

미남미녀가 많은 쑤저우에서 태어나고,
산수 경관이 뛰어난 항저우에서 살고,
요리가 으뜸인 광저우에서 먹고,
좋은 목재가 많은 류저우에서 죽는다.

生在苏州，住在杭州，吃在广州，死在柳州。
Shēng zài Sūzhōu, zhù zài Hángzhōu, chī zài Guǎngzhōu, sǐ zài Liǔzhōu.

딤섬

건강을 위하여

为了健康
Wèile jiànkāng

10

- **학습 목표**
  건강 관리 방법에 대해 설명할 수 있다.

- **표현 포인트**
  连……都…… 怎么……都…… 绝对
  一天比一天 既然 万一 一……就是

단어 익히기 🎧 10-01

🔊 회화 단어

- 鞋带 xiédài 명 신발끈, 구두끈
- 系 jì 동 매다, 묶다
- 无论如何 wúlùn rúhé 어쨌든, 어찌 되었든 관계없이
- 得 děi 조동 ~해야 한다
- 减肥 jiǎnféi 동 다이어트하다, 살을 빼다
- 没用 méiyòng 동 소용이 없다
- 得 dé 동 획득하다, 얻다
- 广告 guǎnggào 명 광고, 선전
- 产品 chǎnpǐn 명 상품, 제품
- 绝对 juéduì 형 절대적인, 절대의 부 절대로, 반드시
- 胖子 pàngzi 명 뚱보, 뚱뚱이
- 既然 jìrán 접 이미 이렇게 된 바에야, 기왕 이렇게 된 이상
- 算了 suàn le 됐다, 그만두다, 따지지 않다
- 许 xǔ 동 허락하다, 허가하다
- 老董 Lǎo Dǒng 라오둥 [호칭]
- 电梯 diàntī 명 엘리베이터
- 爬 pá 동 기다, 오르다
- 楼梯 lóutī 명 계단, 층계
- 支 zhī 양 가늘고 긴 물건을 세는 양사
- 万一 wànyī 부 만일, 만약, 만에 하나
- 妻管严 qīguǎnyán 공처가
- 管 guǎn 동 관리하다, 관여하다
- 严 yán 형 엄격하다, 엄하다
- 肯定 kěndìng 부 확실히, 틀림없이 형 확실하다, 긍정적이다
- 小明 Xiǎo Míng 샤오밍 [호칭]
- 本来 běnlái 부 본래, 원래
- 迷 mí 동 빠지다, 심취하다, 매혹되다
- 游戏 yóuxì 명 놀이, 게임
- 成绩 chéngjì 명 성적
- 下降 xiàjiàng 동 줄어들다, 떨어지다, 낮아지다
- 视力 shìlì 명 시력
- 香 xiāng 형 (음식이) 맛있다, 입맛이 좋다(있다)

✏️ 표현 단어

- 害羞 hàixiū 동 부끄러워하다, 수줍어하다
- 生人 shēngrén 명 낯선 사람
- 节目 jiémù 명 프로그램, 목록
- 世界 shìjiè 명 세계, 세상
- 看法 kànfǎ 명 견해, 인식
- 遵守 zūnshǒu 동 지키다, 준수하다
- 考场 kǎochǎng 명 시험장
- 纪律 jìlǜ 명 규율, 법칙
- 幼儿园 yòu'éryuán 명 유아원, 유치원
- 可爱 kě'ài 형 사랑스럽다, 귀엽다
- 负责 fùzé 동 책임을 지다
- 脑子 nǎozi 명 머리, 두뇌
- 糊涂 hútu 형 엉망이다, 흐리멍덩하다, 멍청하다
- 冻着 dòngzháo 동 얼어붙다, 꽁꽁 얼다
- 办事 bànshì 동 일을 처리하다

회화 배우기

1 살을 좀 빼야 해요. 🎧 10-02

아내 瞧你现在胖的！连鞋带都要我帮你系。❶ 无论如何，
Qiáo nǐ xiànzài pàng de! Lián xiédài dōu yào wǒ bāng nǐ jì. Wúlùn rúhé,

你得减肥！
nǐ děi jiǎnféi!

라오둥 是啊，是啊！可像我这样的人怎么减肥都没用。❷
Shì a, shì a! Kě xiàng wǒ zhèyàng de rén zěnme jiǎnféi dōu méiyòng.

아내 那也得想办法减。如果不减肥，你会得很多病的。
Nà yě děi xiǎng bànfǎ jiǎn. Rúguǒ bù jiǎnféi, nǐ huì dé hěn duō bìng de.

라오둥 你看这广告！"减肥灵"，新产品。要不，我试试？
Nǐ kàn zhè guǎnggào! "Jiǎnféi líng", xīn chǎnpǐn. Yàobù, wǒ shìshi?

아내 我看哪，这些药都没什么用。
Wǒ kàn na, zhèxiē yào dōu méi shénme yòng.

라오둥 你说得太绝对了吧？❸
Nǐ shuō de tài juéduì le ba?

아내 那你说为什么现在的胖子一天比一天多？❹
Nà nǐ shuō wèi shénme xiànzài de pàngzi yìtiān bǐ yìtiān duō?

라오둥 既然吃药也没用，那就算了。❺
Jìrán chī yào yě méiyòng, nà jiù suàn le.

아내 不行。从明天起，不许你坐电梯了，每天爬楼梯！
Bùxíng. Cóng míngtiān qǐ, bù xǔ nǐ zuò diàntī le, měi tiān pá lóutī!

2 공처가 🎧 10-03

라오왕 这不是老董吗？怎么，电梯坏了？
Zhè bú shì Lǎo Dǒng ma? Zěnme, diàntī huài le?

라오둥 不是，我现在开始减肥了。来，抽支烟。
Bú shì, wǒ xiànzài kāishǐ jiǎnféi le. Lái, chōu zhī yān.

라오왕 不不不。万一让我爱人知道了，就麻烦了。❻
Bù bù bù. Wànyī ràng wǒ àiren zhīdào le, jiù máfan le.

라오둥 你怎么成了"妻管严"了？
Nǐ zěnme chéng le "qīguǎnyán" le?

라오왕 你别说我了，你天天爬楼梯减肥，肯定也是你爱人
Nǐ bié shuō wǒ le, nǐ tiāntiān pá lóutī jiǎnféi, kěndìng yě shì nǐ àiren

的主意。
de zhǔyi.

라오둥 这谁都知道，她是为我好，怕我得病。
Zhè shéi dōu zhīdào, tā shì wèi wǒ hǎo, pà wǒ dé bìng.

라오왕 我爱人也是一样啊！我得回去了，你慢慢儿爬吧。
Wǒ àiren yě shì yíyàng a! Wǒ děi huíqù le, nǐ mànmānr pá ba.

라오둥 累死我了，我得
Lèisǐ wǒ le, wǒ děi

先抽一支，歇一
xiān chōu yì zhī, xiē yí

会儿。
huìr.

3 게임 중독 🎧 10-04

小明十岁生日的时候，爸爸妈妈给他买了一台电脑。本来是为了帮他学习的，可没想到小明迷上了玩儿游戏，一玩儿就是好几个小时。爸爸妈妈说什么他都不听。最近的一次考试，小明的成绩下降了很多，而且他的视力也一天比一天差。爸爸妈妈很着急，决定不让他再玩儿了。不能玩儿游戏了，小明这两天急得饭也吃不香、觉也睡不好。看着儿子不说、不笑的样子，爸爸妈妈不知道怎么办才好。

표현 익히기

1 连……都…… ~조차도 ~하다, 심지어 ~하다

> 连鞋带都要我帮你系。

강조 용법 중 하나로, '连'과 '都/也' 사이에는 명사, 동사, 절, 수량구가 올 수 있다. 단, 수사는 '一'만 올 수 있다.

- 他今天早晨起晚了，连早饭都没吃就走了。
  Tā jīntiān zǎochén qǐwǎn le, lián zǎofàn dōu méi chī jiù zǒu le.
  그는 오늘 아침에 늦게 일어나서 아침밥도 못 먹고 갔다. (그가 급히 갔음을 강조함)

- 他的汉字写得太差了，连小孩儿的字都不如。
  Tā de Hànzì xiě de tài chà le, lián xiǎoháir de zì dōu bùrú.
  그는 한자를 너무 못 써서 어린아이의 글씨보다도 못하다. (그가 한자를 못 쓴다는 것을 강조함)

- 这个名字我连听也没听说过，当然不认识了。
  Zhège míngzi wǒ lián tīng yě méi tīngshuōguo, dāngrán bú rènshi le.
  나는 이 이름을 들어 보지도 못했으니, 당연히 (그를) 모른다. (그 사람을 잘 알지 못한다는 것을 강조함)

- 他连我心里想什么都能猜到。
  Tā lián wǒ xīn li xiǎng shénme dōu néng cāidào.
  그는 내가 마음속으로 무엇을 생각하는지도 알아맞힌다. (그가 나를 매우 잘 안다는 것을 강조함)

- 这孩子很害羞，见了生人连一句话也不敢说。
  Zhè háizi hěn hàixiū, jiàn le shēngrén lián yí jù huà yě bù gǎn shuō.
  이 아이는 부끄러움을 많이 타서 낯선 사람을 보면 한 마디도 하지 못한다. (이 아이가 부끄러움이 많다는 것을 강조함)

2 怎么……都…… 어떻게 ~해도

> 可像我这样的人怎么减肥都没用。

'谁/哪儿/什么/怎么…… + 也/都……'는 강조 용법 중 하나이다.(긍정문에서는 일반적으로 '都'를 쓰고, 부정문에서는 '都'와 '也'를 모두 쓸 수 있음) 여기서 '谁/哪儿/什么/怎么'는 의문대사로 쓰인 것이 아니라 일정 범위 내의 모든 '인물, 장소, 사물, 방법' 등을 가리킨다.

- 我们班谁都没去过洛阳。
  Wǒmen bān shéi dōu méi qùguo Luòyáng.
  우리 반에서 누구도 뤄양에 가 보지 않았다.

- 这种衣服哪儿都有卖的。
  Zhè zhǒng yīfu nǎr dōu yǒu mài de.
  이런 옷은 어디에서나 판다.

- 他一天到晚看电视，什么节目都看。
  Tā yìtiān dào wǎn kàn diànshì, shénme jiémù dōu kàn.
  그는 하루 종일 텔레비전을 보는데, 어떤 프로그램이든 다 본다.

- 这个字太复杂了，我怎么也写不对。
  Zhège zì tài fùzá le, wǒ zěnme yě xiě bú duì.
  이 글자는 너무 복잡해서 나는 아무리 해도 제대로 쓰지 못하겠다.

3 绝对 절대적인, 반드시

你说得太绝对了吧?

'绝对'는 문장에서 두 가지 의미로 쓰인다.

(1) 형용사로 쓰여, 어떤 상황이 어떠한 조건이나 시간에서도 모두 그렇다는 의미를 나타낸다.

- 世界上没有绝对的好人。
  Shìjiè shàng méiyǒu juéduì de hǎorén.
  세상에 절대적으로 좋은 사람은 없다.

- 你对他的看法太绝对了，他不一定那么坏。
  Nǐ duì tā de kànfǎ tài juéduì le, tā bù yídìng nàme huài.
  당신이 그를 보는 견해가 너무 절대적인 거 아니에요? 그가 꼭 그렇게 나쁜 건 아닐 수도 있어요.

(2) 부사로 쓰여, 완전하고 고정된 것이라는 의미를 나타낸다.

- 考试的时候要绝对遵守考场纪律。
  Kǎoshì de shíhou yào juéduì zūnshǒu kǎochǎng jìlǜ.
  시험 볼 때는 반드시 시험장의 규칙을 준수해야 한다.

- 我做的这个菜绝对会受大家的欢迎。
  Wǒ zuò de zhège cài juéduì huì shòu dàjiā de huānyíng.
  내가 만든 이 요리는 반드시 사람들에게 인기가 있을 것이다.

- 爱珍的字我认识，这绝对不是她写的。
  Àizhēn de zì wǒ rènshi, zhè juéduì bú shì tā xiě de.
  아이쩐의 글씨체는 내가 아는데, 이건 절대로 그녀가 쓴 것이 아니다.

4 一天比一天 나날이, 점점

那你说为什么现在的胖子一天比一天多？

'一 + 양사 + 比 + 一 + 양사'는 정도가 점점 심화되는 것을 의미한다.

- 北京的发展一年比一年快。
  Běijīng de fāzhǎn yìnián bǐ yìnián kuài.
  베이징은 해가 갈수록 빠르게 발전한다.

- 人老了，身日一天比一天差。
  Rén lǎo le, shēntǐ yìtiān bǐ yìtiān chà.
  사람이 늙으면 건강도 하루가 다르게 나빠진다.

비교 사항이 날짜, 시간을 나타내는 시간사가 아닐 경우, 비교되는 것들이 같은 특성을 가지고 있음을 나타낸다. 강조의 의미를 내포하고 있다.

- 幼儿园里的孩子一个比一个可爱。
  Yòu'éryuán li de háizi yí ge bǐ yí ge kě'ài.
  유치원의 아이들이 하나하나 다 귀엽다.

5 既然 기왕 그렇게 된 이상

既然吃药也没用，那就算了。

앞에 '既然'을 써서 이미 실현된 사실이나 확정된 상황을 제시하고, 뒤 절은 그 상황에 따른 결론을 나타낸다.

- 既然你一定要去，我也不说什么了，不过你千万要小心。
  Jìrán nǐ yídìng yào qù, wǒ yě bù shuō shénme le, búguò nǐ qiānwàn yào xiǎoxīn.
  네가 어차피 가야 한다면 나도 아무 말 하지 않을게. 하지만 정말로 조심해야 해.

- 你既然同意我们的意见，就跟我们一起干吧。
  Nǐ jìrán tóngyì wǒmen de yìjiàn, jiù gēn wǒmen yìqǐ gàn ba.
  기왕 우리 의견에 동의했으니 우리와 함께 해요.

- 事情既然已经发生了，后悔有什么用呢？
  Shìqing jìrán yǐjīng fāshēng le, hòuhuǐ yǒu shénme yòng ne?
  일이 이미 벌어졌는데 후회한들 무슨 소용이 있겠는가?

> ※ '既然'과 '因为'의 용법은 명확히 다르다.
> 既然: 뒤 절의 결론에 중점을 둠. 대체로 화자의 주관적인 생각을 나타냄
> 因为: 실질적인 원인을 설명함. 주관적인 생각은 드러나지 않음
>
> 既然(因为×)你让我负责这件事，就应该相信我。
> Jìrán nǐ ràng wǒ fùzé zhè jiàn shì, jiù yīnggāi xiāngxìn wǒ.
> 나에게 이 일을 책임지도록 한 이상 나를 믿어 줘야 해요.
>
> 因为(既然×)喝酒太多，他的脑子越来越糊涂。
> Yīnwèi hē jiǔ tài duō, tā de nǎozi yuè lái yuè hútu.
> 술을 너무 많이 마셔서 그의 머리가 점점 더 흐리멍덩해진다.

6 万一　만일, 만약

万一让我爱人知道了，就麻烦了。

'万一'는 일종의 가설로, 어떤 상황이 일어날 가능성은 매우 적지만 그래도 일어날 경우를 걱정하는 것이다. 발생하지 않길 바라는 일에 쓴다.

- 我要多带几件衣服，万一天气变冷，不会冻着。
  Wǒ yào duō dài jǐ jiàn yīfu, wànyī tiānqì biàn lěng, bú huì dòngzháo.
  옷을 몇 벌 더 가져가야 만일 날씨가 추워져도 추위에 떨지 않을 것이다.

- 这工作小黄也会，万一老王来不了，就让小黄干。
  Zhè gōngzuò Xiǎo Huáng yě huì, wànyī Lǎo Wáng láibuliǎo, jiù ràng Xiǎo Huáng gàn.
  이 일은 샤오황도 할 수 있으니, 만일 라오왕이 오지 못한다면 샤오황에게 하도록 해라.

- 去买飞机票以前最好先打电话问问，万一票卖完了呢？
  Qù mǎi fēijī piào yǐqián zuìhǎo xiān dǎ diànhuà wènwen, wànyī piào màiwán le ne?
  비행기표를 사러 가기 전에 먼저 전화를 걸어 물어보는 것이 제일 좋아. 만일 표가 다 팔렸으면 어떻게 해?

一……就是 한번 ~하면

一玩儿就是好几个小时。

'一 + 동사 + 就 + 是 + 수량구'와 '一 + 동사 + 就 + 동사 + 수량구'는 매번 무엇을 할 때마다 어떤 수량에 도달함을 의미한다. 말하는 사람은 그 수량이 많다고 생각하는 것이다.

- 她爱人经常去外地办事，一去就是一两个月。
  Tā àiren jīngcháng qù wàidì bànshì, yí qù jiùshì yì liǎng ge yuè.
  그녀의 남편은 늘 외지에 나가 일을 하는데, 한번 가면 보통 한두 달이다.

- 爱珍特别喜欢吃巧克力，一吃就是十几块。
  Àizhēn tèbié xǐhuan chī qiǎokèlì, yì chī jiùshì shí jǐ kuài.
  아이쩐은 초콜릿을 굉장히 좋아해서, 한번 먹으면 십여 조각을 먹는다.

- 望月学习很努力，一学就学半天。
  Wàngyuè xuéxí hěn nǔlì, yì xué jiù xué bàntiān.
  모치즈키는 공부를 매우 열심히 해서, 한번 공부를 했다 하면 반나절이다.

- 我们在一起聊天儿，一聊就聊一晚上。
  Wǒmen zài yìqǐ liáotiānr, yì liáo jiù liáo yì wǎnshang.
  우리가 모여서 이야기할 때, 한번 수다를 떨었다 하면 밤새도록이다.

1 주어진 단어를 사용하여 빈칸을 채워 보세요.

| 女人 | 老人 | 大人 | 孩子 | 老师 | 学生 | 医生 | 外国人 |

❶ 连_____都听不懂他的外语，我怎么能听懂。

❷ 连_____都知道不能这么做，可是他却这么做了。

❸ 怪不得教室里连一个_____都没有，今天放假！

❹ 现在连_____都开始踢足球了。

❺ 有些流行歌曲很好听，连_____也喜欢听。

❻ 连_____的话他也不听，他的病怎么能好呢？

❼ 连_____都搬不动那张大桌子，更不用说小孩儿了。

❽ 连_____也不认识他的名字，因为汉语里没有这个字。

2 각각 다른 상황으로 '既然……' 문장을 완성해 보세요.

❶ 既然你什么都不知道，_____。

❷ 既然你什么都不知道，_____。

❸ 既然你什么都不知道，_____。

❹ _____，那咱们就喝点儿啤酒吧。

❺ _____，那咱们就喝点儿啤酒吧。

❻ _____，那咱们就喝点儿啤酒吧。

3 '什么/谁/哪儿/怎么/……+都' 형식으로 문장을 고쳐 보세요.

❶ 这儿的人都认识刘先生。

→ _____

❷ 爱珍刚来中国的时候,一句汉语也不会说。

→ _____

❸ 我找了学校里每一个地方,可是找不到汤姆。

→ _____

❹ 这种菜可以炒,可以做汤,可以生吃……

→ _____

❺ 牛肉、羊肉、鸡肉……黄勇都爱吃。

→ _____

❻ 没有人知道张英去哪儿了。

→ _____

❼ 这种衣服每个商店都有卖的。

→ _____

❽ 这把锁我用了各种办法,可是打不开。

→ _____

牛肉 niúròu 명 소고기 | 羊肉 yángròu 명 양고기 | 鸡肉 jīròu 명 닭고기 | 锁 suǒ 명 자물쇠

4 괄호 안의 표현을 사용하여 문장을 완성해 보세요.

① 安娜特别喜欢跳舞，每次参加舞会_____。　（一……就(是)）

② 老董酒量大极了，喝啤酒_____。　（一……就(是)）

③ 爷爷是十岁的时候来北京的，在这儿_____。　（一……就(是)）

④ 这几年来中国学汉语的外国人_____。　（一……比一……）

⑤ 你看这些运动员，_____。　（一……比一……）

⑥ 动物园里的大熊猫_____。　（一……比一……）

⑦ 你到北京以后，_____，可以先住在我家。　（万一）

⑧ 这个工作除了老王，小赵也会做，_____。　（万一）

⑨ 带上雨衣吧，_____。　（万一）

⑩ 下星期姐姐结婚，_____。　（无论如何）

> 酒量 jiǔliàng 명 주량 ｜ 大熊猫 dàxióngmāo 명 자이언트 판다, 판다 ｜ 雨衣 yǔyī 명 우의, 비옷

5 이 과에서 배운 새 단어를 사용하여 빈칸을 채워 보세요.

① 事情都有好的方面，也有不好的方面，不能想得太_____。

② 河里的水真清，要是下去游游泳，_____很舒服。

③ 昨天夜里下了一场大雨，今天早晨气温_____了不少。

④ 回国的日子_____定在下月二十号，可是因为没有买到机票，就改到二十七号了。

⑤ 你这些衣服都不太好看，_____，我不买了。

❻ 你最近太胖了，得_____。

❼ _____你已经决定，我就不再说什么了。

清 qīng 형 깨끗하다, 맑다 | 气温 qìwēn 명 기온 | 机票 jīpiào 명 비행기표

자유롭게 말하기

1 다음 대화를 완성해 보세요.

A 这么好吃的肉你怎么不吃啊?

B _____。

A 你一点儿也不胖，_____。

B 其实，你真应该减减肥了，_____。

A _____。后来就算了。

B 吃药不行，_____。

A 对，从明天开始，每天早上跑步。

B 还有，别吃太多肉和奶油。

A _____。

跑步 pǎobù 동 달리다, 뛰어가다 | 奶油 nǎiyóu 명 크림

물건 사기

购物
Gòuwù

11

- **학습 목표**
  물건의 장단점을 설명할 수 있다.

- **표현 포인트**
  够……的 | ……是……, 不过 | 最好
  什么的 | ……吧, ……; ……吧, ……
  只要……就…… | 因此

단어 익히기 🎧 11-01

🔊 회화 단어

包装 bāozhuāng 명 포장, 장식
种 zhǒng 양 종, 종류
够 gòu 부 무척, 충분히, 꽤
不同 bùtóng 형 다르다
特点 tèdiǎn 명 특징, 특색
绿茶 lǜchá 명 녹차
茉莉花 mòlìhuā 명 재스민
提神 tíshén 동 정신을 차리다, 기운을 내다
好处 hǎochù 명 장점, 이로운 점
影响 yǐngxiǎng 동 영향을 끼치다
普洱茶 pǔ'ěrchá 명 푸얼차
牌子 páizi 명 상표, 브랜드
最好 zuìhǎo 부 제일 좋기는, 가장 바람직한 것은
物美价廉 wùměi jiàlián 성 상품의 질이 좋고 값도 저렴하다
打折 dǎzhé 동 할인하다, 세일하다
原价 yuánjià 명 원가, 정가
现价 xiànjià 명 시가, 현재 가격
料子 liàozi 명 옷감, 재료
气质 qìzhì 명 기질, 성격
模特儿 mótèr 명 모델
别致 biézhì 형 별나다, 색다르다, 특이하다
正 zhèng 형 (빛깔이나 맛이) 순수하다
身材 shēncái 명 몸매, 몸집, 체격
苗条 miáotiao 형 (몸매가) 날씬하다
皮肤 pífū 명 피부

后悔 hòuhuǐ 동 후회하다
放心 fàngxīn 동 마음을 놓다, 안심하다
多余 duōyú 형 여분의, 나머지의 동 (필요한 수량을) 초과하다
相信 xiāngxìn 동 믿다, 신임하다
行家 hángjiā 명 전문가, 숙련가
态度 tàidù 명 태도, 기색
款式 kuǎnshì 명 스타일, 디자인
因此 yīncǐ 접 그래서, 이 때문에

✏️ 표현 단어

辛苦 xīnkǔ 형 고생스럽다, 고되다
往年 wǎngnián 명 왕년, 옛날
花市 huāshì 명 꽃시장
动作 dòngzuò 명 동작, 행동
灵活 línghuó 형 민첩하다, 재빠르다
来往 láiwǎng 동 오고 가다, 왕래하다
口红 kǒuhóng 명 립스틱
粉饼 fěnbǐng 명 파우더, 콤팩트
眉笔 méibǐ 명 아이브로펜슬, 눈썹 연필
融化 rónghuà 동 녹다, 융해되다
吸收 xīshōu 동 흡수하다, 빨아들이다
热量 rèliàng 명 열량
充分 chōngfèn 형 충분하다 부 충분히, 완전히
失去 shīqù 동 잃다, 잃어버리다
信心 xìnxīn 명 자신감, 신념

1 어떤 종류를 원하시나요? 🎧 11-02

아이쩐 我想买点儿茶叶送朋友，要包装好一点儿的。
Wǒ xiǎng mǎi diǎnr cháyè sòng péngyou, yào bāozhuāng hǎo yìdiǎnr de.

판매원 这些茶叶都挺合适，您想买哪种？
Zhèxiē cháyè dōu tǐng héshì, nín xiǎng mǎi nǎ zhǒng?

아이쩐 哎呀，品种可够多的。❶ 能介绍一下不同茶叶的特点吗？
Āiyā, pǐnzhǒng kě gòu duō de. Néng jièshào yíxià bùtóng cháyè de tèdiǎn ma?

판매원 绿茶和茉莉花茶天气热的时候喝比较好。它们像咖啡
Lǜchá hé mòlìhuāchá tiānqì rè de shíhou hē bǐjiào hǎo. Tāmen xiàng kāfēi

一样，可以提神，更对身体有好处。
yíyàng, kěyǐ tíshén, gèng duì shēntǐ yǒu hǎochù.

아이쩐 那如果下午喝，晚上是不是就睡不着了？
Nà rúguǒ xiàwǔ hē, wǎnshang shì bu shì jiù shuìbuzháo le?

판매원 哦，怕影响睡觉，可以喝普洱茶，还能帮助减肥。
Ó, pà yǐngxiǎng shuìjiào, kěyǐ hē pǔ'ěrchá, hái néng bāngzhù jiǎnféi.

아이쩐 真的？普洱茶多少钱一斤？
Zhēn de? Pǔ'ěrchá duōshao qián yì jīn?

판매원 您看看这种，是最有名的牌子，包装也很漂亮。
Nín kànkan zhè zhǒng, shì zuì yǒumíng de páizi, bāozhuāng yě hěn piàoliang.

아이쩐 好是好，不过够贵的。❷ 我是个学生，最好买物美
Hǎo shì hǎo, búguò gòu guì de.　　Wǒ shì ge xuésheng, zuìhǎo mǎi wùměi

价廉的。❸ 牌子、包装什么的，差不多就可以。❹
jiàlián de.　　Páizi、bāozhuāng shénme de, chàbuduō jiù kěyǐ.

판매원 这种正在打折，原价二百四，现价一百二。物美价廉。
Zhè zhǒng zhèngzài dǎzhé, yuánjià èrbǎi sì, xiànjià yìbǎi èr.　Wùměi jiàlián.

아이쩐 好，就买这种。
Hǎo, jiù mǎi zhè zhǒng.

❷ 후회하지 말아요. 🎧 11-03

아이쩐 你看这件衬衫，料子真好，穿上它肯定特别有气质！
Nǐ kàn zhè jiàn chènshān, liàozi zhēn hǎo, chuānshang tā kěndìng tèbié yǒu qìzhì!

모치즈키 有气质是有气质，但是颜色太深了，中年人穿更合适。
Yǒu qìzhì shì yǒu qìzhì, dànshì yánsè tài shēn le, zhōngniánrén chuān gèng héshì.

哎，你看这个模特儿身上的红裙子怎么样？
Āi, nǐ kàn zhège mótèr shēnshang de hóng qúnzi zěnmeyàng?

아이쩐 真是太漂亮了！样子挺别致，颜色也正。
Zhēnshi tài piàoliang le! Yàngzi tǐng biézhì, yánsè yě zhèng.

모치즈키: 你身材苗条，皮肤也白，穿上一定很好看。拿一条试试吧！
Nǐ shēncái miáotiao, pífū yě bái, chuānshang yídìng hěn hǎokàn. Ná yì tiáo shìshi ba!

아이쩐: 算了，以后再说吧。别忘了，我今天是来买衬衫的。
Suàn le, yǐhòu zàishuō ba. Bié wàng le, wǒ jīntiān shì lái mǎi chènshān de.

모치즈키: 好吧，不过你可别后悔呀。
Hǎo ba, búguò nǐ kě bié hòuhuǐ ya.

아이쩐: 放心，我从来不后悔，以后肯定会有更好的。说了半天，你自己怎么不买呀？
Fàngxīn, wǒ cónglái bú hòuhuǐ, yǐhòu kěndìng huì yǒu gèng hǎo de. Shuō le bàntiān, nǐ zìjǐ zěnme bù mǎi ya?

모치즈키: 我正在后悔呢。前几天我刚买了一条裙子，再买就多余了。
Wǒ zhèngzài hòuhuǐ ne. Qián jǐ tiān wǒ gāng mǎi le yì tiáo qúnzi, zài mǎi jiù duōyú le.

아이쩐: 对，我也是，从来不买用不着的东西。
Duì, wǒ yě shì, cónglái bù mǎi yòngbuzháo de dōngxi.

3 물건을 고를 때 누구를 믿어야 할까요? 🎧 11-04

现在买东西的时候真不知道应该相信谁。相信
Xiànzài mǎi dōngxi de shíhou zhēn bù zhīdào yīnggāi xiāngxìn shéi. Xiāngxìn

自己吧，自己不可能什么都是行家；相信广告吧，
zìjǐ ba, zìjǐ bù kěnéng shénme dōu shì hángjiā; xiāngxìn guǎnggào ba,

那么多广告又不知道应该相信哪一个；相信商店、
nàme duō guǎnggào yòu bù zhīdào yīnggāi xiāngxìn nǎ yí ge; xiāngxìn shāngdiàn、

售货员吧，他们在你买以前态度都挺好，等你买完
shòuhuòyuán ba, tāmen zài nǐ mǎi yǐqián tàidù dōu tǐng hǎo, děng nǐ mǎiwán

以后就不一定了。❺
yǐhòu jiù bù yídìng le.

我买东西主要看质量和价钱是不是合适，颜色、
Wǒ mǎi dōngxi zhǔyào kàn zhìliàng hé jiàqián shì bu shì héshì, yánsè、

款式什么的，只要差不多就行。❻ 不过价钱是不是合适，
kuǎnshì shénme de, zhǐyào chàbuduō jiù xíng. Búguò jiàqián shì bu shì héshì,

我常常也不十分清楚。因此，我很想知道别人买东西
wǒ chángcháng yě bù shífēn qīngchu. Yīncǐ, wǒ hěn xiǎng zhīdào biérén mǎi dōngxi

的时候是怎么决定的。❼
de shíhou shì zěnme juédìng de.

표현 익히기

1 够……的 무척, 충분히

品种可够多的。

'够 + 형용사 + 的/了/的了'의 형식으로 쓰여, 어떤 상황의 정도가 아주 높은 수준에 이르렀음을 의미한다. '了' '的了'가 쓰일 때는 앞에 '已经'이 자주 쓰이며, 뒤에는 변화를 설명하거나 만류를 나타내는 절이 온다.

- 出租车司机的工作真是够辛苦的。
  Chūzūchē sījī de gōngzuò zhēnshi gòu xīnkǔ de.
  택시기사 일은 정말 고단하다.

- 往年的花市已经够热闹了，今年的更热闹。
  Wǎngnián de huāshì yǐjīng gòu rènao le, jīnnián de gèng rènao.
  왕년의 꽃시장도 충분히 시끌벅적했는데, 올해는 더 북적댄다.

- 他已经够忙的了，别再给他添麻烦了。
  Tā yǐjīng gòu máng de le, bié zài gěi tā tiān máfan le.
  그는 이미 충분히 바쁘니 그를 더 번거롭게 하지 말아요.

부정문에서는 '的' '了'를 쓰지 않는다.

- 我的汉语还不够好。
  Wǒ de Hànyǔ hái búgòu hǎo.
  내 중국어 실력은 아직 부족하다.

2 ……是……，不过 ~하기는 하지만

好是好，不过够贵的。

'A是A'는 양보를 나타내며, 뒤에는 '可是' '不过' '就是' 등 전환의 의미를 가진 접속사가 자주 쓰인다.

- 他胖是胖，可是动作挺灵活。
  Tā pàng shì pàng, kěshì dòngzuò tǐng línghuó.
  그는 뚱뚱하긴 하지만 행동이 매우 민첩하다.

- 亲戚是亲戚，不过不常来往。
  Qīnqi shì qīnqi, búguò bù cháng láiwǎng.
  친척은 친척인데 자주 왕래하지는 않는다.

- 喜欢是喜欢，就是我不打算买。
  Xǐhuan shì xǐhuan, jiùshì wǒ bù dǎsuàn mǎi.
  좋긴 하지만 살 생각은 없다.

'A1是A2'의 형식으로도 쓰이는데, 이때 A2는 A1에 대한 좀 더 구체적인 설명을 나타낸다.

- 听是听清楚了，可是没记住。
  Tīng shì tīng qīngchu le, kěshì méi jìzhù.
  듣기는 제대로 들었는데 기억이 나지 않는다.

- 他呀，心是好心，就是用的方法不太好。
  Tā ya, xīn shì hǎoxīn, jiùshì yòng de fāngfǎ bú tài hǎo.
  그 사람, 마음은 좋은 마음이었지만 방법이 그다지 좋지 않았다.

3 最好 제일 좋기는

我是个学生，最好买物美价廉的。

'最好'는 '제일 좋기는, 가장 바람직한 것은'이라는 의미의 관용어로, 제일 이상적인 선택을 나타낸다. 건의나 권고를 이끌어낼 때 쓰인다.

- 现在办公室的老师快下班了，你最好明天去。
  Xiànzài bàngōngshì de lǎoshī kuài xiàbān le, nǐ zuìhǎo míngtiān qù.
  지금 사무실의 선생님께서 막 퇴근하시려고 하니, 너는 내일 가는 것이 좋겠다.

- 小孩子最好不要经常玩儿电脑。
  Xiǎoháizi zuìhǎo búyào jīngcháng wánr diànnǎo.
  어린아이가 컴퓨터를 자주 가지고 놀지 못하게 하는 것이 좋다.

- 我觉得这个季节最好去大同。
  Wǒ juéde zhège jìjié zuìhǎo qù Dàtóng.
  내 생각에 이 계절에 다퉁에 가는 것이 가장 좋다.

> ✻ '我们班玛丽的口语最好。우리 반에서는 마리의 회화 실력이 가장 좋다'에서 쓰인 '最好'는 관용어가 아니라, '最'와 '好'가 결합한 것이다. 이때 '最'는 '特别' '非常' 등으로 바꿔 쓸 수 있다.
>
> 他觉得去草原最/非常好。
> Tā juéde qù cǎoyuán zuì/fēicháng hǎo.
> 그는 초원에 가는 것이 가장 좋다고 생각한다.

4 什么的　~등등

> 牌子、包装什么的，差不多就可以。

'……什么的'는 '~등등'이라는 뜻으로, 문장에서 여러 가지를 열거할 때 쓴다. '什么的' 앞에는 한 가지 사물이 올 수도 있고 몇 가지 사물이 올 수도 있다. 회화에서 주로 쓰이며, 어감이 비교적 가볍다. 사람이나 지명을 열거할 때는 쓰지 않는다.

- 她的书包里装满了口红、粉饼、眉笔什么的。
  Tā de shūbāo li zhuāngmǎn le kǒuhóng、fěnbǐng、méibǐ shénme de.
  그녀의 책가방 안에는 립스틱, 파우더, 아이브로펜슬 등이 가득하다.

- 飞龙不喜欢唱歌什么的，就爱打篮球。
  Fēilóng bù xǐhuan chànggē shénme de, jiù ài dǎ lánqiú.
  펄롱은 노래니 하는 것들은 좋아하지 않고, 그저 농구 하는 것을 좋아한다.

5 ……吧，……；……吧，……　~하자니 ~하고, ~하자니 ~하다

> 相信自己吧，……相信广告吧，……相信商店、售货员吧，……

'……吧，……；……吧，……'는 병렬문에서 쓰인다. 두 가지나 그 이상의 상황에서 무엇을 선택하려고 할 때, 각각의 상황을 고려하고 그 상황들을 할 수 없는 이유를 설명한다.

- 晚上做什么饭呢？包饺子吧，太麻烦；做米饭吧，家里的米吃完了。
  Wǎnshang zuò shénme fàn ne? Bāo jiǎozi ba, tài máfan; zuò mǐfàn ba, jiā li de mǐ chīwán le.
  저녁에 무슨 밥을 하지? 만두(쟈오즈)를 빚자니 너무 번거롭고, 밥을 하자니 집에 쌀도 없는데.

- 周末去哪儿呢？去公园吧，路太远；去商场吧，人太多。
  Zhōumò qù nǎr ne? Qù gōngyuán ba, lù tài yuǎn; qù shāngchǎng ba, rén tài duō.
  주말에 어디 가지? 공원에 가자니 너무 멀고, 상점에 가자니 사람이 너무 많고.

6 只要……就……　~하기만 하면 ~하다

> 颜色、款式什么的，只要差不多就行。

'只要……就……'는 조건문에서 쓰인다. '只要' 뒤에는 충분조건이 나오며, '就' 뒤에는 그 조건 하에서 얻어진 결과가 온다. '이 조건일 때는 반드시 이 결과이다'라는 의미이다.

- 只要便宜就好，款式、颜色什么的没关系。
  Zhǐyào piányi jiù hǎo, kuǎnshì、yánsè shénme de méi guānxi.
  싸기만 하면 됐지, 디자인이나 색깔 등은 상관 없다.

- 只要你是这个学校的学生，就应该遵守这儿的纪律。
  Zhǐyào nǐ shì zhège xuéxiào de xuésheng, jiù yīnggāi zūnshǒu zhèr de jìlǜ.
  네가 이 학교의 학생이라면 반드시 이곳의 규율을 지켜야 한다.

- 只要是报了名的，都可以参加今天的唱歌比赛。
  Zhǐyào shì bào le míng de, dōu kěyǐ cānjiā jīntiān de chànggē bǐsài.
  신청하기만 했으면 누구나 오늘의 노래 경연대회에 참가할 수 있다.

7 因此 이 때문에

因此，我很想知道别人买东西的时候是怎么决定的。

'因此'는 결과를 나타내는 문장에서 쓰이는데, 때로 앞 절의 '由于'와 호응하여 원인을 나타내기도 한다. '因此'는 주어의 앞뒤에 모두 올 수 있다.

- 我跟他在一起很多年了，因此非常了解他。
  Wǒ gēn tā zài yìqǐ hěn duō nián le, yīncǐ fēicháng liǎojiě tā.
  나는 그와 함께 한 지 수년이 되었기 때문에 그를 아주 잘 안다.

- 雪融化时吸收热量，气温因此会下降。
  Xuě rónghuà shí xīshōu rèliàng, qìwēn yīncǐ huì xiàjiàng.
  눈이 녹을 때 열을 흡수하기 때문에 온도가 내려간다.

- 由于我们做了充分的准备，因此这次旅行很成功。
  Yóuyú wǒmen zuò le chōngfèn de zhǔnbèi, yīncǐ zhè cì lǚxíng hěn chénggōng.
  우리가 충분히 준비했기 때문에 이번 여행은 매우 성공적이었다.

때로 '没有' '也' '都' 등의 부사가 '因此'의 앞에 오기도 하는데, 이때 '因此'는 '이로 인해' '이러한 이유 때문에'라는 뜻을 나타낸다.

- 这次考试的成绩虽然不太好，但是他没有因此失去信心。
  Zhè cì kǎoshì de chéngjì suīrán bú tài hǎo, dànshì tā méiyǒu yīncǐ shīqù xìnxīn.
  이번 시험 성적이 별로 좋지 않았지만, 그는 이로 인해 자신감을 잃지는 않았다.

- 这次雪下得很大，很多学校都因此放了几天假。
  Zhè cì xuě xià de hěn dà, hěn duō xuéxiào dōu yīncǐ fàng le jǐ tiān jià.
  이번에 눈이 굉장히 많이 내려서 많은 학교가 이로 인해 며칠간 휴교를 했다.

1 다음 그림을 보고 '只要'를 사용하여 질문에 답해 보세요.

A 你想住什么样的房间?

B _____

2 보기와 같이 '……吧，……；……吧，……'와 '最好'를 사용하여 대화를 완성해 보세요.

> 보기
> A 你想找汉语辅导老师吗?
> B 找吧，花钱太多；不找吧，我又需要帮助。
> A 我看，你最好找个想学英语的学生，这样可以互相帮助并且省钱。

❶ A 你说咱们怎么去? 是骑车还是坐车?

B _____

A _____

❷ A 你说我们中午去好还是晚上去好?

B _____

A _____

11 购物　167

❸ A 周末你打算去香山还是故宫？

　　B _____

　　A _____

❹ A 晚上咱们去哪儿吃？你想好了吗？

　　B _____

　　A _____

❺ A 你说，我剪短头发好看，还是留长头发好看？

　　B _____

　　A _____

❻ A 同学们让你当班长，你当不当啊？

　　B _____

　　A _____

❼ A 今年寒假你回不回家？

　　B _____

　　A _____

❽ A 这两家公司，你打算去哪家？

　　B _____

　　A _____

辅导 fǔdǎo 동 (학습 등을) 도우며 지도하다 | **需要** xūyào 동 요구되다, 필요로 하다 | **互相** hùxiāng 부 서로, 상호 | **剪** jiǎn 동 자르다, 깎다 | **留** liú 동 머무르다, 남기다 | **班长** bānzhǎng 명 반장, 급장

3 빈칸에 들어갈 알맞은 단어를 골라 보세요.

① 望月是我们班＿＿＿＿＿好的学生。

　A 最　　　　B 太　　　　C 够　　　　D 极了

② 这个学校有＿＿＿＿＿多留学生。

　A 太　　　　B 最　　　　C 够　　　　D 很

③ 你这儿的价钱＿＿＿＿＿高的。

　A 太　　　　B 很　　　　C 够　　　　D 最

④ 那位模特儿的身材＿＿＿＿＿苗条了。

　A 最　　　　B 很　　　　C 太　　　　D 够

⑤ 只要是去过杭州的人，都说那儿的风景美＿＿＿＿＿。

　A 太　　　　B 极了　　　　C 够　　　　D 最

⑥ 这辆车＿＿＿＿＿挤的了，别再上人了。

　A 太　　　　B 最　　　　C 极了　　　　D 够

> 杭州 Hángzhōu 고유 항저우 [지명]

4 'A是A' 구문을 사용하여 다음 질문에 답해 보세요.

① 你的房间怎么样?

→ ＿＿＿＿＿＿＿＿＿＿＿＿＿＿＿＿＿＿＿＿＿＿＿＿＿＿＿＿

② 现在的学习累不累?

→ ＿＿＿＿＿＿＿＿＿＿＿＿＿＿＿＿＿＿＿＿＿＿＿＿＿＿＿＿

③ 那家饭馆儿的四川火锅怎么样?

→ ＿＿＿＿＿＿＿＿＿＿＿＿＿＿＿＿＿＿＿＿＿＿＿＿＿＿＿＿

❹ 学汉语难吗?

→ _____

❺ 昨天老师讲的故事你听懂了吗?能不能给我讲讲?

→ _____

❻ 这双鞋不错,你说呢?

→ _____

❼ 我可以借你的自行车骑一下吗?

→ _____

❽ 你想去西藏旅游吗?

→ _____

火锅 huǒguō 명 훠궈, 샤부샤부 | 西藏 Xīzàng 고유 시짱, 티베트 [지명]

5 괄호 안의 단어를 사용하여 문장을 완성해 보세요.

❶ _____, 我都爱吃。 (什么的)

❷ 市场里摆满了_____。 (什么的)

❸ 考试以前爱珍准备得很认真,_____。 (因此)

❹ 这些孩子正在长身体,_____。 (因此)

❺ 他一说完这句话,_____。 (后悔)

❻ _____, 现在发现他是坏人已经晚了。 (后悔)

摆 bǎi 동 벌여 놓다, 진열하다 | 长 zhǎng 동 자라다, 성장하다 | 坏人 huàirén 명 나쁜 사람, 악인

6 이 과에서 배운 새 단어를 사용하여 빈칸을 채워 보세요.

❶ 最近很多商场都在_____，东西非常便宜。

❷ 这种_____做裙子很合适。

❸ 吃减肥药_____健康。

❹ 黄勇从来不骗人，你完全可以_____他。

❺ 这个钱包式样真_____。

❻ 这条红裙子_____五百八，_____二百四。

❼ 你_____，下午三点以前一定修好。

❽ 张英用什么办法减的肥？_____比原来_____多了。

❾ 这条裤子的颜色不_____，不好看。

❿ 这个_____的手机很好用，也比较便宜，真是_____。

> 骗人 piànrén 통 남을 속이다, 기만하다 | 钱包 qiánbāo 명 지갑, 돈 가방 | 式样 shìyàng 명 스타일, 모양

자유롭게 말하기

1 다음 대화를 완성해 보세요.

A 您看这套绿衣服，_____。

B 这颜色年轻人穿合适，我穿_____。

A 您也不老呀。而且_____，_____，穿这身衣服最合适了。

B _____，可是太贵了。

A 又要好看，又要便宜，那可太难了。

B 是呀，现在买衣服，_____，不便宜；便宜的吧，_____。

A _____，现在打五折，才_____。

B _____，没有毛病吧?

A _____，绝对没问题。

B 好，_____，_____。

친구에 대해 이야기하다

谈论朋友
Tánlùn péngyou

12

- **학습 목표**

  친구들의 성격에 대해 설명할 수 있다.

- **표현 포인트**

  以为 | 来着 | 起来 | 光

  可不是嘛 | 说不定

단어 익히기 🎧 12-01

🔊 회화 단어

以为 yǐwéi 동 생각하다, 여기다
研究生 yánjiūshēng 명 연구생, 대학원생
来着 láizhe 조 ~을 하고 있었다, ~이었다
消息 xiāoxi 명 소식, 뉴스
突然 tūrán 형 갑작스럽다, 의외이다
老实 lǎoshi 형 성실하다, 정직하다
内向 nèixiàng 형 내성적이다, 내향적이다
奇怪 qíguài 형 이상하다, 뜻밖이다
脑子 nǎozi 명 머리, 두뇌
想法 xiǎngfǎ 명 생각, 의견, 아이디어
光 guāng 부 다만, 단지
好话 hǎohuà 명 좋은 말, 칭찬, 달콤한 말
缺点 quēdiǎn 명 결점, 단점, 부족한 점
当面 dāngmiàn 부 대놓고, 면전에서
背后 bèihòu 명 배후, 뒤쪽, 뒷면
优点 yōudiǎn 명 장점, 우수한 점
对外 duìwài 형 대외(의), 대외적인
教学 jiàoxué 동 가르치다, 수업하다
谦虚 qiānxū 형 겸허하다, 겸손하다
性格 xìnggé 명 성격, 성정
开口 kāikǒu 동 입을 열다, 말을 하다
说不定 shuōbudìng 동 ~일지도 모른다 부 아마도
脾气 píqi 명 기질, 성격, 성질
声音 shēngyīn 명 소리, 목소리
眼睛 yǎnjing 명 눈
黄 huáng 형 노랗다, 누렇다

外向 wàixiàng 형 외향적이다
上街 shàngjiē 동 거리로 나가다

✏️ 표현 단어

游乐园 yóulèyuán 명 유원지, 놀이공원
专家 zhuānjiā 명 전문가
判断 pànduàn 동 판단하다, 판정하다
小鸟 xiǎoniǎo 작은 새
欢快 huānkuài 형 유쾌하다, 즐겁고 경쾌하다
叫声 jiàoshēng 우는 소리, 짖는 소리
演员 yǎnyuán 명 배우, 연기자
表演 biǎoyǎn 동 공연하다, 연기하다
姑娘 gūniang 명 아가씨, 처녀

▶️ 고유명사

肖强 Xiāo Qiáng 고유 샤오치앙 [인명]
上海 Shànghǎi 고유 상하이 [지명]
左拉 Zuǒlā 고유 졸라(Zola) [인명]
意大利 Yìdàlì 고유 이탈리아

회화 배우기

1 모두 다 그렇게 생각하고 있었어요. 🎧 12-02

장잉 你知道吗？肖强要去上海工作了。
Nǐ zhīdào ma? Xiāo Qiáng yào qù Shànghǎi gōngzuò le.

황용 真的吗？我原来一直以为他会考研究生的。❶
Zhēn de ma? Wǒ yuánlái yìzhí yǐwéi tā huì kǎo yánjiūshēng de.

장잉 大家都这么想来着，❷ 所以我听到他要去上海的消息，
Dàjiā dōu zhème xiǎng láizhe, suǒyǐ wǒ tīngdào tā yào qù Shànghǎi de xiāoxi,

也觉得有点儿突然。
yě juéde yǒudiǎnr tūrán.

황용 可咱们几个人里边，就你最了解他了。
Kě zánmen jǐ ge rén lǐbian, jiù nǐ zuì liǎojiě tā le.

장잉 你们跟他也不错呀。他这人非常老实，有点儿内向。
Nǐmen gēn tā yě búcuò ya. Tā zhè rén fēicháng lǎoshi, yǒudiǎnr nèixiàng.

황용 说起他来，我常常觉得他有点儿奇怪。❸
Shuō qǐ tā lái, wǒ chángcháng juéde tā yǒudiǎnr qíguài.

장잉 其实他很有脑子，常常有些很新的想法。
Qíshí tā hěn yǒu nǎozi, chángcháng yǒuxiē hěn xīn de xiǎngfǎ.

황용 呵呵，光听你说他的好话，他没有缺点吗？❹
Hēhē, guāng tīng nǐ shuō tā de hǎohuà, tā méiyǒu quēdiǎn ma?

장잉 当然有，不过好朋友应该当面说缺点，背后说
Dāngrán yǒu, búguò hǎo péngyou yīnggāi dāngmiàn shuō quēdiǎn, bèihòu shuō

优点。再说，他的缺点你们也都知道。
yōudiǎn. Zàishuō, tā de quēdiǎn nǐmen yě dōu zhīdào.

12 谈论朋友 **175**

황용 对了，他找的是什么工作？
Duì le, tā zhǎo de shì shénme gōngzuò?

장잉 对外汉语教学。就是教外国人说汉语。
Duìwài Hànyǔ jiàoxué. Jiùshì jiāo wàiguó rén shuō Hànyǔ.

2 그녀의 성격은 조금 내향적이에요. 🎧 12-03

펄롱 我发现望月挺谦虚的。
Wǒ fāxiàn Wàngyuè tǐng qiānxū de.

톰 我也这么想。不过她性格有点儿内向。
Wǒ yě zhème xiǎng. Búguò tā xìnggé yǒudiǎnr nèixiàng.

펄롱 可不是嘛！⑤ 上课时她要是多开口说话，她的口语会
Kěbúshi ma! Shàngkè shí tā yàoshi duō kāikǒu shuōhuà, tā de kǒuyǔ huì

更好。
gèng hǎo.

톰 听说她跟日本人在一起时可是爱说爱笑。
Tīngshuō tā gēn Rìběn rén zài yìqǐ shí kěshì ài shuō ài xiào.

펄롱 那说不定过一段时间，她跟咱们也会又说又笑。⑥
Nà shuōbudìng guò yí duàn shíjiān, tā gēn zánmen yě huì yòu shuō yòu xiào.

톰 说起来，她的脾气真好，说话的声音也好听。
Shuō qǐlai, tā de píqi zhēn hǎo, shuōhuà de shēngyīn yě hǎotīng.

你觉得呢？
Nǐ juéde ne?

펄롱 对。是个好女孩儿。
Duì. Shì ge hǎo nǚháir.

3. 우리 반 친구들은 무척 재미있어요. 🎧 12-04

我们班左拉是意大利人。他个子高高的，眼睛
Wǒmen bān Zuǒlā shì Yìdàlì rén. Tā gèzi gāogāo de, yǎnjing

大大的，头发黄黄的。左拉爱说爱笑，笑的时候声音
dàdà de, tóufa huánghuáng de. Zuǒlā ài shuō ài xiào, xiào de shíhou shēngyīn

很大，样子也很好看。他性格非常外向，有什么说什么。
hěn dà, yàngzi yě hěn hǎokàn. Tā xìnggé fēicháng wàixiàng, yǒu shénme shuō shénme.

大家都喜欢跟他在一起。他学习非常努力，而且很
Dàjiā dōu xǐhuan gēn tā zài yìqǐ. Tā xuéxí fēicháng nǔlì, érqiě hěn

聪明，老师讲一遍他就会了。他一有空就上街去转转，
cōngmíng, lǎoshī jiǎng yí biàn tā jiù huì le. Tā yì yǒu kòng jiù shàngjiē qù zhuànzhuan,

跟中国人说话，特别喜欢跟一些中国老人说话。但是，
gēn Zhōngguó rén shuōhuà, tèbié xǐhuan gēn yìxiē Zhōngguó lǎorén shuōhuà. Dànshì,

他有一个缺点，就是爱着急；不过我们班同学都爱看
tā yǒu yí ge quēdiǎn, jiùshì ài zháojí; búguò wǒmen bān tóngxué dōu ài kàn

他着急时的样子，非常可爱。
tā zháojí shí de yàngzi, fēicháng kě'ài.

我们班每个同学都非常有意思，你不想认识
Wǒmen bān měi ge tóngxué dōu fēicháng yǒuyìsi, nǐ bù xiǎng rènshi

他们吗？
tāmen ma?

 **표현** 익히기

1 以为 생각하다, 여기다

> 我原来一直**以为**他会考研究生的。

'以为'는 어떤 사람이나 사물에 대해 판단했지만, 사실은 그 판단이 틀렸음을 나타낼 때 쓰인다.

- 大家都**以为**黄勇已经去上海了，其实他还没走。
  Dàjiā dōu yǐwéi Huáng Yǒng yǐjīng qù Shànghǎi le, qíshí tā hái méi zǒu.
  모두들 황용이 이미 상하이에 갔다고 생각했는데, 사실 그는 아직 가지 않았다.

- 不要**以为**世界上只有你最聪明。
  Búyào yǐwéi shìjiè shàng zhǐyǒu nǐ zuì cōngmíng.
  세상에서 너만 제일 똑똑하다고 생각하지 말아라.

> ✳ '以为'와 '认为'의 차이
>
> '以为'는 그 판단이 정확하지 않다고 증명되었을 경우에만 사용하며, '认为'는 정확한 판단, 또는 아직 증명되지 않은 부정확한 판단에 모두 사용할 수 있다. '认为' 앞에는 '让'과 '被' 둘 다 올 수 있지만, '以为' 앞에는 '让'만 올 수 있다.
>
> 去游乐园**被**大部分孩子**认为**(以为×)是最高兴的事。
> Qù yóulèyuán bèi dàbùfen háizi rènwéi shì zuì gāoxìng de shì.
> 놀이동산에 가는 것은 대부분의 어린이들에게 가장 즐거운 일로 여겨진다.
>
> 我**认为**应该请专家来判断谁的回答对。
> Wǒ rènwéi yīnggāi qǐng zhuānjiā lái pànduàn shéi de huídá duì.
> 나는 반드시 전문가를 초빙해서 누구의 대답이 옳은지 판단해야 한다고 생각한다.
>
> 他的话**让**大家**认为**他是对的。
> Tā de huà ràng dàjiā rènwéi tā shì duì de.
> 그의 말은 사람들로 하여금 그가 옳다고 생각하도록 했다.
>
> 小鸟欢快的叫声**让**人**以为**春天到了。
> Xiǎoniǎo huānkuài de jiàoshēng ràng rén yǐwéi chūntiān dào le.
> 작은 새의 즐거운 지저귐은 사람들로 하여금 봄이 왔다고 느끼게 했다.

2 来着 ~을 하고 있었다, ~이었다

> 大家都这么想**来着**……

'来着'는 문장 끝에 쓰여 이미 발생했었던 일을 나타낸다. 부정 형식은 없으며, '什么' '谁' '哪……' 등이 쓰이는 특지의문문(特指疑问句)의 경우에만 의문문으로 쓰일 수 있다.

- 连脸都没洗，这一天你忙什么来着？
  Lián liǎn dōu méi xǐ, zhè yìtiān nǐ máng shénme láizhe?
  세수도 하지 않고, 너 오늘 뭐가 그렇게 바빴니?

- 我的书呢？刚才还在桌子上来着。
  Wǒ de shū ne? Gāngcái hái zài zhuōzi shàng láizhe.
  내 책이 어디 갔지? 방금까지 책상 위에 있었는데.

- 昨天老师在办公室跟你说什么来着？
  Zuótiān lǎoshī zài bàngōngshì gēn nǐ shuō shénme láizhe?
  어제 선생님이 사무실에서 너에게 무슨 말씀을 하셨니?

'来着'가 특지의문문(特指疑问句)에 쓰일 때는, 원래는 알고 있었으나 지금은 잊어버렸다는 의미를 나타낸다.

- 那个演员挺有名的，叫什么来着？
  Nàge yǎnyuán tǐng yǒumíng de, jiào shénme láizhe?
  그 배우 굉장히 유명한데. 이름이 뭐였더라?

- "庆"字怎么写来着？
  "Qìng" zì zěnme xiě láizhe?
  '庆' 자를 어떻게 쓰는 거였더라?

3 起来 ~하자니

说起他来，我常常觉得他有点儿奇怪。

'동사 + 起来'는 문장 앞쪽에 쓰여, 추측, 판단, 고려 등을 나타낸다. 동사는 '说' '看' '想' '算' '论' 등이 주로 쓰이며, '起'와 '来' 사이에 다른 문장 성분이 올 수 있다.

- 看起来，他是这方面的专家。
  Kàn qǐlai, tā shì zhè fāngmiàn de zhuānjiā.
  보아하니 그는 이 방면의 전문가이다.

- 算起来，我们到北京已经一个月了。
  Suàn qǐlai, wǒmen dào Běijīng yǐjīng yí ge yuè le.
  계산해 보니 우리가 베이징에 온 지도 벌써 한 달이 되었다.

- 论起质量来，这个牌子是最好的。
  Lùn qǐ zhìliàng lái, zhège páizi shì zuì hǎo de.
  품질에 있어서는 이 상표가 가장 좋다.

4 光 다만, 단지

> 光听你说他的好话，他没有缺点吗？

부사 '光'은 동사나 형용사 앞에 쓰여, 어떤 일을 제외한 다른 일은 하지 않음, 또는 어떤 성질을 제외한 다른 것은 없음을 나타낸다.

- 学汉语光上课不够，还要多跟中国人谈话。
  Xué Hànyǔ guāng shàngkè búgòu, hái yào duō gēn Zhōngguó rén tánhuà.
  중국어를 배우는 데 있어서 수업만 듣는 것은 충분하지 않다. 중국인과 대화를 많이 해야 한다.

- 那孩子见了我们光笑不说话。
  Nà háizi jiàn le wǒmen guāng xiào bù shuōhuà.
  그 아이는 우리를 보고 아무 말 없이 웃기만 했다.

- 生词记不住，光急没有用。
  Shēngcí jìbuzhù, guāng jí méiyǒu yòng.
  새 단어를 기억하지 못하는 것에 대해 조급해하기만 해서는 아무 소용이 없다.

- 鞋光便宜不行，重要的是结实。
  Xié guāng piányi bùxíng, zhòngyào de shì jiēshi.
  신발은 싸기만 해서는 안 된다. 중요한 것은 내구성이다.

'光 + 명사/대사(+ 수량구) + 就 + 동사 + 수량구조'는 어떤 범위 내에서 매우 많은 수량에 도달했음을 나타낸다.

- 他们家书很多，光他一个人就有两百多本。
  Tāmen jiā shū hěn duō, guāng tā yí ge rén jiù yǒu liǎngbǎi duō běn.
  그들의 집에는 책이 매우 많다. 그 혼자만 해도 2백여 권을 가지고 있다.

- 晚会上同学们表演了很多节目，光爱珍就唱了三首歌。
  Wǎnhuì shàng tóngxuémen biǎoyǎn le hěn duō jiémù, guāng Àizhēn jiù chàng le sān shǒu gē.
  파티에서 학생들은 많은 프로그램을 공연했다. 아이쩐 혼자만 해도 노래 세 곡을 불렀다.

5 可不是嘛 그러게 말이야

> 可不是嘛!

'可不是(嘛)'는 대화 중 상대방의 말에 동의를 표현할 때 쓴다. '可不' '可不嘛'라고도 할 수 있으며, 문장 끝에 물음표를 쓰지 않는다.

- A 这个商店的服务态度太差了。
  Zhège shāngdiàn de fúwù tàidù tài chà le.
  이 상점은 서비스 태도가 너무 나쁘네.

  B 可不是嘛。
  Kěbúshi ma.
  그러게 말이야.

- A 咱们该去看场电影了。
  Zánmen gāi qù kàn chǎng diànyǐng le.
  우리 영화 한 편 보러 가야 겠어.

  B 可不，好长时间没看电影了。
  Kěbù, hǎo cháng shíjiān méi kàn diànyǐng le.
  누가 아니래. 오랫동안 영화를 못 봤잖아.

6 说不定 아마도, ~일지도 모른다

那说不定过一段时间，她跟咱们也会又说又笑。

'说不定'은 '可能(아마도)'과 '不能肯定(확신할 수는 없지만)'의 의미를 가지고 있다. 주어 뒤, 문장 앞에 모두 쓸 수 있고, 대화 중 단독으로도 사용할 수 있다.

- 那个姑娘天天来找他，说不定是他的女朋友。
  Nàge gūniang tiāntiān lái zhǎo tā, shuōbudìng shì tā de nǚpéngyou.
  그 아가씨는 매일 그를 찾아오는 걸 보니 아마도 그의 여자친구인 것 같다.

- 到现在还不来，他说不定把这事忘了。
  Dào xiànzài hái bù lái, tā shuōbudìng bǎ zhè shì wàng le.
  지금까지 오지 않는 걸 보니 그는 아마도 이 일을 잊은 것 같다.

- 现在还说不定他能不能来。
  Xiànzài hái shuōbudìng tā néng bu néng lái.
  아직 그가 올지 안 올지 잘 모른다.

- A 怎么还找不到？咱们走错路了吧？
  Zěnme hái zhǎobudào? Zánmen zǒucuò lù le ba?
  어떻게 아직도 못 찾을 수 있어? 우리 길을 잘못 든 거 아냐?

  B 还真说不定。
  Hái zhēn shuōbudìng.
  아직 몰라.

내공 쌓기

1 '以为'를 사용하여 그림의 상황을 설명해 보세요.

①

②

③

④

2 괄호 안의 단어를 사용하여 문장을 고쳐 보세요.

① 太晚了，可能没有公共汽车了。　　　　　　　　　　　　　（说不定）

→ _____

② 咱们去别的市场看看吧，可能会买到更便宜的。　　　　　　（说不定）

→ _____

❸ 左拉可能在图书馆。 (说不定)

→ _____

❹ 我现在不能说他一定会来。 (说不定)

→ _____

❺ A 明天的会校长能参加吗?

B 现在不能肯定。 (说不定)

→ _____

❻ A 你看那个人是干什么的。

B 我看他可能是小偷。 (说不定)

→ _____

❼ A 该打扫打扫房间了。

B 对,咱们房间太乱了。 (可不)

→ _____

❽ A 要是再不下雨,就要把人热死了。

B 我也这么想。 (可不是嘛)

→ _____

小偷 xiǎotōu 명 좀도둑 | 乱 luàn 형 어지럽다, 질서가 없다

3 '来着'를 사용하여 대화를 완성해 보세요.

❶ A _____?

B 我去长城了。

❷ A 刚才你们干什么了？

　B _____。

❸ A 笔呢？刚才还_____。

　B 是不是夹在书里了？

❹ A 昨天你们去肖强家，那么晚才回来，玩儿什么了？

　B _____。

❺ A _____？

　B 我是C班的。

❻ A _____？

　B 左边一个提手旁，右边一个"斤"字。

夹 jiā 동 끼우다, 집다, 사이에 두다 ｜ 提手旁 tíshǒupáng 명 손수변, 재방변

4 괄호 안의 단어를 사용하여 문장을 완성해 보세요.

❶ _____，大家都有很多感想。　　（……起来）

❷ 每天花50块钱美容，_____，可不是小数目。（……起来）

❸ _____，王老师还是我的老师的老师。（……起来）

❹ _____？这么多菜，别剩下了。　　（光）

❺ 书包丢了，_____，赶快想办法去找吧。（光）

❻ 昨天我们喝了很多酒，_____。　　　（光）

❼ 张英的衣服特别多，_____。　　　　（光）

❽ 晚饭不用特别准备，＿＿＿＿＿＿＿＿＿＿＿＿＿＿。　　（……什么……什么）

❾ 我正在房间看书，＿＿＿＿＿＿＿＿＿＿＿＿＿＿。　　　　（突然）

❿ 刚听说左拉要回国时，＿＿＿＿＿＿＿＿＿＿＿＿＿＿。　（突然）

> 感想 gǎnxiǎng 명 감상 | 美容 měiróng 동 용모를 아름답게 꾸미다 | 数目 shùmù 명 수량, 금액 | 剩下 shèngxià 동 남다, 남기다

5 이 과에서 배운 새 단어를 사용하여 빈칸을 채워 보세요.

❶ 小赵的性格有点儿＿＿＿＿＿＿，很少＿＿＿＿＿＿说话。

❷ 小赵的爱人爱说爱笑，非常＿＿＿＿＿＿。

❸ 对朋友有意见应该＿＿＿＿＿＿说出来，不要＿＿＿＿＿＿说坏话。

❹ 我不小心弄倒了他的自行车，我给他说了很多＿＿＿＿＿＿，他才让我走。

❺ 我们每个人有＿＿＿＿＿＿，也有缺点。

❻ 黄勇是个＿＿＿＿＿＿人，从来不说假话。

❼ 望月的＿＿＿＿＿＿好极了，从来不生气。

❽ 在我们班，左拉＿＿＿＿＿＿最灵，成绩最好。

❾ 孩子们经常有一些想法让大人们觉得很＿＿＿＿＿＿。

❿ 张英成绩很好，但她还常常＿＿＿＿＿＿地说："我需要继续努力。"

> 弄倒 nòngdǎo 동 뒤집다, 뒤엎다 | 假话 jiǎhuà 명 거짓말 | 灵 líng 형 영리하다 | 继续 jìxù 동 계속하다

자유롭게 말하기

1. 다음 대화를 완성해 보세요.

   A 我刚才_____。

   B 她长什么样?

   A _____眼睛，_____个子，

   _____头发。

   B _____。

   A 她一说话就脸红，_____?

   B _____，等和大家熟悉了可能就不这样了。她学习怎么样?

   A _____，学什么都是一学就会。

   B 她人好吗?

   A _____，而且不太谦虚。

   B 你怎么_____?

   A 就是她在这儿，_____。

부록

- 본문 해석
- 모범 답안

본문 해석

01 알고 지냅시다

1. 왜 중국어를 배우러 왔나요?

펄롱: 안녕! 너는 이름이 뭐니?
이종문: 나는 이종문이라고 해.
펄롱: 안녕, 이종문! 내가 보기에 너는 한국인 같은데.
이종문: 정말 똑똑하구나! 너는?
펄롱: 나는 펄롱이라고 해. 프랑스인이고 대학생이야.
이종문: 너는 왜 중국어를 배우러 온 거니?
펄롱: 프랑스로 가는 중국인들이 점점 많아지고 있어서, 나중에 중국어 통역사가 되고 싶어서. 너는?
이종문: 회사에서 보내 줘서 공부하러 왔어. 우선 여기에서 반 년 동안 공부한 후에 중국에서 근무할 거야.

2. 잘 부탁해요.

모치즈키: 나는 모치즈키 토모코라고 해. 발음이 별로 좋지 않아. 잘 부탁해.
아이쩐: 내 중국어 이름은 아이쩐이고, 미국에서 왔어. 너와 같은 방을 쓰게 되어서 정말 기쁘다.
모치즈키: 나도 매우 기뻐. 그런데 나는 영어를 못 해.
아이쩐: 상관없어. 더 잘됐네. 우리 중국어로만 말할 수 있잖아.
모치즈키: 내 발음이 점점 좋아지면 좋겠어.
아이쩐: 나는 이번 여름 방학에 중국어를 배우면서 경극도 배울 거야.
모치즈키: 너 경극 할 줄 아니? 나는 지금까지 경극을 들어 본 적이 없어. 지금 한 부분만 불러 볼 수 있니?
아이쩐: 지금은 안 되고, 한 달 후에. 그때는 너에게 꼭 불러 줄게.

3. 반 친구들 소개

모치즈키의 반에는 모두 16명의 학생이 있는데, 일본인, 한국인, 미국인, 프랑스인, 그리고 인도네시아인이 있다.
한국 학생인 이종문은 회사원인데, 전에 한국에서 중국어를 조금 배운 적이 있어서, 그는 중국어가 조금도 어렵지 않다. 회사에서는 그에게 내년에 베이징에서 근무하도록 했다.
인도네시아 학생인 린푸민은 하루도 중국어 반 수업을 들어 본 적이 없다. 하지만 그는 화교이고, 그의 아버지, 어머니가 집에서 모두 중국어를 쓰기 때문에 그의 회화 실력은 아주 좋다.
미국 학생인 아이쩐은 경극을 배우기 위해서 중국어를 배우고 있다. 프랑스 학생인 펄롱은 나중에 중국어 통역사가 되기 위해서 중국어를 배우고 있다.

02 무엇을 드시겠습니까?

1. 뭐 먹을래요?

리우옌: 이 식당의 음식은 맛있고 값도 싸. 이게 메뉴판이야. 너희 어떤 음식 좋아하니?
펄롱: 저는 중국어 메뉴판만 보면 머리가 아파서요. 선생님께서 먼저 고르세요.
리우옌: 좋아, 내가 먼저 하나 고를게. 이 집이 정말 잘하는 요리는 수이주니우러우(水煮牛肉)야.
펄롱: 맛이 어떤데요? 느끼하지는 않나요?
리우옌: 아주 맛있고 전혀 느끼하지 않은데, 조금 매워. 너희 먹을 수 있겠니?
이종문: 먹을 수 있어요. 저는 매운 것을 좋아하거든요. 매울수록 좋아요.
모치즈키: 그래? 그럼 쏸라투더우쓰(酸辣土豆丝)도 하나 더 시키자. 네가 많이 먹을 수 있게.
펄롱: 달콤한 요리는 없나요? 저는 단 음식을 좋아해요.
리우옌: 징장러우쓰(京酱肉丝)가 달지. 베이징 본고장의 맛이야.
이종문: 내가 '탕추리지(糖醋里脊)'라는 요리를 먹어 봤는데, 새콤달콤해. 너 분명 좋아할 거야.

2. 우리 뭐 마실까요?

모치즈키: 요리는 이제 충분해요. 너무 많으면 우리 다 못 먹잖아요. 시훙스지단탕(西红柿鸡蛋汤) 하나만 더 주문하는 거 어때요?
펄롱: 좋아. 우리 뭐 마실까요?
이종문: 맥주! 이렇게 더운 날에는 당연히 차가운 맥주를 마셔 줘야죠.
리우옌: 나는 맥주를 마시면 바로 머리가 아프고 얼굴이 빨개져. 나랑 모치즈키는 과일주스를 마실게.

이종문 네. 하지만 먼저 맥주를 좀 마시고 난 후에 과일주스를 마시기로 해요.

펄롱 맞아요. 중국 맥주를 마시면서 중국 요리도 먹고 중국어로 이야기도 하면 우리 중국어가 더 유창해질 수 있을 거예요.

3 학교 옆 식당

금요일 저녁, 이종문은 반 친구들과 함께 저녁 식사를 하러 갔다. 그들은 학교 옆의 한 식당으로 갔는데, 그곳은 깨끗하고 시원하고, 주변 환경도 매우 쾌적했다. 학교 근처의 식당 중 항상 그곳의 손님이 가장 많았다. 유학생들은 모두 그곳에서 식사하는 것을 좋아하기 때문에, 늦게 가면 자리가 없을 때도 있다.

식사를 마친 후, 반 친구들은 그곳의 종업원들이 매우 친절하고 세심했으며, 약간 짜기는 했지만 음식 맛도 매우 괜찮다고 느꼈다. 모두들 앞으로 수업이 끝나면 자주 그곳에 밥을 먹으러 가도 좋겠다고 말했다.

03 학교 교정에서

1 어디 가는 길이에요?

아이쩐 안녕? 이종문, 너 지금 어디 가는 거야?

이종문 어, 아이쩐이구나. 그냥 좀 걷고 있어. 교정도 익힐 겸해서.

아이쩐 그랬구나. 어쩐지 요 며칠 교정에서 네가 자주 보이더라니. 교정에 대한 인상은 어때?

이종문 별로 크지는 않지만 주변 환경이 매우 좋아. 조용하기도 하고 예뻐.

아이쩐 조용하다고? 저기를 봐. 얼마나 시끌벅적한데!

이종문 거기는 운동장이잖아. 당연히 시끌벅적하지! 교정의 대부분은 조용한 편이야.

아이쩐 다 돌았네. 이 학교 교정은 정말 작아!

이종문 확실히 크지는 않지. 하지만 교정 안에 서점, 세탁소, 이발소 등 뭐든 다 있어서 정말 편리해.

2 우체국이 어디에 있는지 아나요?

아이쩐 이종문, 너 우체국이 어디에 있는지 아니?

이종문 봐봐. 저 길 끝까지 가서 왼쪽으로 돌면 바로 우체국이야.

아이쩐 네가 벌써 이렇게 다 알고 있을지 몰랐네! 헬스장은 있니?

이종문 있지. 학교 체육관 안에 있어. 매일 오후에 많은 사람들이 그곳에서 가서 운동을 해.

아이쩐 내일 오후에는 나도 가 봐야겠다. 근처에 상점은 있어? 매점 말고 말이야.

이종문 당연히 있지. 학교 서문 옆에 큰 슈퍼마켓이 있는데, 그곳에는 먹을 것, 마실 것뿐만 아니라 입을 것과 쓸 것 등 모든 물건들이 다 있어.

아이쩐 오늘 너와 함께 산책해서 정말 좋았어. 교정에도 익숙해졌고 회화 연습까지 했으니 말이야.

3 중국 대학생들의 생활 변화

예전에 중국 대학생들의 학교생활은 '세 군데만 시계추처럼 왔다 갔다 한다'라고 할 정도로 매우 단조로웠다. 기숙사에서 교실이나 도서관으로, 교실과 도서관에서 식당으로, 다시 식당에서 기숙사로 이어졌다. 그러나 요즘 대학생들의 생활은 갈수록 다채로워지고 있으며, 술집, 커피숍, 헬스장, 이 모든 곳들이 그들이 자주 가는 곳이 되었다. 그들은 잘 놀 뿐만 아니라 공부도 굉장히 열심히 한다. 그들이 열심히 공부하는 것은 나중에 좋은 일자리를 구하기 위해서이고, '열심히' 노는 것은 일하게 되면 놀 시간이 없어지기 때문이다.

04 주거 문제

1 생활 습관의 차이

펄롱 온 지 겨우 일주일 밖에 안 됐는데 네가 기숙사 관리인과 그렇게 친할 줄은 몰랐네.

이종문 뭘! 나는 관리인에게 방을 바꿔 달라고 하고 싶었을 뿐이야.

펄롱 왜? 네 방에 무슨 문제 있어?

이종문 아니. 나와 룸메이트의 생활 습관이 완전히 달라서 말이야.

펄롱 별로 문제될 것 같지 않은데. 한 달 후면 공부가 끝나잖아.

이종문 너는 모를 거야. 밤에 내가 잘 때 그는 공부하고, 오후에 내가 공부할 때 그는 꼭 잠을 잔단 말이야!

펄롱 그럼 정말 바꿔야 되겠네. 관리인이 방을 바꿔 준대?

이종문 된다고도 안 된다고도 안 했어. 단지 좀 기다리라고만 했어.

2 새로운 환경에 적응하기

졸라 오늘 왜 이렇게 기운이 없어?

아이쩐 휴! 매일 잠을 제대로 못 자는데 어떻게 기운이 있겠어?

졸라 왜 그래? 나한테 말해 줄 수 있니?

아이쩐 우리 기숙사가 길가에 있잖아? 내 방은 바로 버스 정류장 맞은편이고.

졸라 알았다. 버스 때문에 시끄러워서 잠을 잘 못 자는구나.

아이쩐 맞아. 특히 나는 자다가 한번 깨면 다시 못 잔단 말이야.

졸라 내가 보기에, 너는 방을 바꾸거나 빨리 새로운 환경에 익숙해져야겠다.

아이쩐 그건 나중에 이야기하자. 지금은 잠을 잘 잘 수 있는 방법을 생각해야겠어.

3 고장 난 에어컨

요 며칠 동안 날씨가 매우 더웠다. 너무 더워서 제대로 먹지도 못하고 제대로 잘 수도 없었다. 펄롱의 방에는 에어컨이 있지만, 하필 요 며칠 사이에 고장이 나서 그는 더워서 새벽 두세 시가 되어서야 겨우 잠을 잘 수 있었다. 그는 길을 걷거나 수업을 할 때 정신이 하나도 없었다. 관리인이 오늘 그의 방에 에어컨을 새것으로 바꿔 주겠다고 했다. 펄롱은 이제 됐다고, 오늘 밤에는 반드시 잠을 잘 잘 수 있을 것이라고 생각했다.

05 어떻게 가는 것이 좋을까요?

1 우리 어디로 놀러 갈까요?

장잉 지홍아 오늘 우리 어디로 놀러 갈까?

지홍 유명한 곳은 거의 가 봤는데, 샹산과 텐탄 공원만 아직 못 가봤어.

장잉 샹산이 텐탄보다는 좀 가까우니까 오늘은 샹산에 가자.

지홍 그래. 우리 어떻게 갈까?

장잉 버스를 타도 되고 자전거를 타고 가도 괜찮아. 네가 정해.

지홍 버스는 너무 붐벼. 요 며칠 동안 매일 버스만 탔더니 벌써 질렸어.

장잉 버스 타기 싫으면 우리 자전거 타고 가자.

지홍 자전거로 가기에는 좀 멀고, 게다가 산길도 있잖아.

장잉 상관없어. 힘들면 잠깐 멈춰서 쉬면 되지.

지홍 가는 것은 괜찮을 것 같은데, 돌아올 때는 어떨지 모르겠네.

장잉 만약 자전거를 더 이상 못 타겠으면, 우리 오는 길에 식당을 찾아서 밥을 먼저 먹자.

2 우리 어떻게 갈까요?

모치즈키 내일 토요일인데 우리 샹산에 놀러 가면 어떨까?

아이쩐 좋은 생각이야. 우리 어떻게 갈까?

모치즈키 버스를 타자. 샹산에 가려면 몇 번 버스를 타야 하지?

아이쩐 내가 핸드폰으로 인터넷에 접속해서 지도를 검색해 볼게. 우리 함께 찾아 보자.

모치즈키 아, 먼저 375번을 타고 이허위안에 가서 다시 331번으로 갈아타고, 끝까지 가면 돼. 이렇게 편한 줄 몰랐네.

아이쩐 내일은 제발 길이 막히지 않았으면 좋겠다. 지난번에 고궁에 갈 때는 거의 한 시간이나 막혔잖아.

모치즈키 그거야 고궁이 시내에 있기 때문이지. 가는 길이 모두 매우 번화한 곳이잖아. 그래서 길이 잘 막히는 거야.

3 황용의 집으로 가는 방법

펄롱의 친구 황용은 펄롱에게 주말에 자기 집으로 놀러 오라고 초대했다. 황용의 집은 교외에 있어서 자전거를 타고 가기에는 좀 멀다. 더구나 펄롱은 자전거도 잘 타지 못하기 때문에 자전거를 타고 갈 엄두가 나지 않았다. 버스를 타는 것도 몇 번을 갈아타야 하기 때문에 불편했다. 택시는 어떤가? 거리가 몇 십 킬로미터나 돼서 매우 비쌀 뿐 아니라 길도 막힐 것 같았다. 펄롱은 인터넷에 접속해서 지도를 검색해 보고는 이제 막 개통된 지하철 노선이 황용의 집 근처까지 연결되고, 지하철 역을 나와서 10분 정도만 걸으면 된다는 것을 알아냈다. 결국 펄롱은 지하철을 타고 황용의 집에 가기로 결정했다.

06 손님이 되다

1 환영해요.

황용 아빠, 엄마, 펄롱 왔어요. 펄롱, 이분은 우리 아버지고 이분은 우리 어머니셔.

펄롱 아저씨, 아주머니, 안녕하세요.

아빠 환영해요. 황용에게 펄롱 군이 온다고 이야기 들었어요. 어서 들어와 앉아요!

펄롱 어떤 선물을 가지고 와야 좋을지 몰라서요. 이건 프랑스 초콜릿인데 맛 좀 보세요.

엄마 뭘 선물을 가지고 왔어요! 너무 신경을 썼네요.

펄롱 아저씨, 아주머니, 두 분 다 건강하시죠?

엄마 아주 좋아요. 이야기 나눠요. 나는 식사 준비를 하러 가야겠어요.

펄롱 귀찮게 해드려서 정말 죄송합니다.

2 그만 가 보겠습니다.

펄롱 시간이 늦었네요. 이제 가 봐야겠어요.

아빠 좀 더 있다 가지. 내일은 주말이라 수업도 없을 텐데.

펄롱 아닙니다. 내일 일이 있어서요.

엄마 뭘 그렇게 서둘러요. 과일 좀 더 먹어요.

펄롱 아니에요. 감사합니다! 오늘 정말 배부르게 잘 먹었어요. 아주머니께서 만들어 주신 음식들 정말 맛있었어요!

엄마 별말을. 다음 주 토요일이 아저씨 생신인데 시간 있으면 또 놀러 와요.

펄롱 좋습니다. 꼭 올게요. 들어가세요. 안녕히 계세요!

아빠 조심히 가요. 다음에 봐요!

3 중국 가정 방문 예절

만약 중국 친구 집에 손님으로 가게 된다면 친구의 가족들을 어떻게 부를 것인지, 어떤 선물을 가져가는 것이 적당한지 알아 두어야 한다.

중국인의 관습에 따르면, 친구의 부모는 '叔叔, 阿姨' 또는 '伯父, 伯母'라고 부르고, 친구의 형제자매들은 이름을 부르거나, 본인보다 나이가 많으면 형(오빠), 누나(언니)라고 불러도 된다.

중국인에게 주는 선물로는 전통에 따라 차, 술, 간식, 과일 등을 선택할 수 있으며, 또한 생화나 초콜릿 혹은 자국의 특산물을 선택해도 된다.

사실, 중국인의 집에 손님으로 가는 것에 어떤 특별한 규율이 있는 것은 아니다. 당신이 예의를 갖추고 마치 자기 집에서처럼 편하게 행동한다면 주인은 매우 기뻐할 것이다.

07 여행 계획

1 우리 같이 가요.

이종문 모치즈키, 학교에서 보내온 여행 계획서 봤니?

모치즈키 봤어. 그런데 나는 아직도 어디로 갈지 생각하지 못했어. 너는 생각해 봤어?

이종문 나도 너와 상의하려고 온 거야. 나는 중국에 처음 왔잖아.

모치즈키 하지만 나도 남쪽 도시 몇 군데 가 본 거 말고는 북쪽 도시는 못 가 봤어.

이종문 우리나라는 대부분의 지역이 산이라서 나는 대초원의 풍경을 한 번도 본 적 없고, 말을 타 본 적도 없어. 사실, 바비큐에도 매우 흥미가 있어.

모치즈키 알았다. 너는 초원에 가서 말도 타고 바비큐도 먹고 싶구나. 좋아! 네가 가고 싶은 곳으로 나도 갈게. 우리 같이 가자.

2 구체적으로 말해 봐요.

황용 두 곳을 선택할 수 있는데, 먼저 뤄양이나 다퉁에 갔다가 그 후에 초원에 가는 거야.

펄롱 좋은 생각이야! 이러면 명승고적도 유람할 수 있고, 말을 타면서 초원도 볼 수 있잖아.

황용 뤄양이나 다퉁 중에서 한 곳만 가면 돼. 너는 어디로 갈 생각이니?

펄롱 당연히 뤄양이지. 룽먼석굴도 구경할 수 있고, 소림사도 갈 수 있으니까.

황용 솔직히 말해서 내가 너라면 다퉁에 갈 거야. 봄에 다시 뤄양에 가고 말이야.

펄롱 자세히 말해 봐.

황용 다퉁에 있는 윈강석굴도 매우 유명해. 게다가 뤄양에 비해 다퉁은 베이징에서 가까운 편이잖아.

펄롱 네 말도 맞네. 참, 네가 방금 봄에 뤄양에 가라고 했는데 왜 그런 거야?

황용 가 보면 알게 될 거야. 어서 가서 신청하자. 너 빼고 다른 사람들은 모두 신청했어.

3 유학생들을 위한 여행 계획

유학생들의 연수 생활을 더욱 풍부하게 하기 위해서 학교에서는 학생들을 모아 다른 지역에 여행을 가기로 했는데, 네이멍구 초원, 다퉁, 뤄양 모두 세 곳이다. 지난주에 사무실에서는 모든 학생들에게 여행 계획서 한 부를 보내서 여행 내용과 일정을 소개했다. 요 며칠 동안 학생들은 모두 어디로 여행갈 것인지를 논의하고 있다. 자연 풍경을 좋아하는 사람은 초원에, 유적지를 좋아하는 사람은 다퉁에, 중국 무술을 좋아하는 사람은 뤄양에 가고 싶어 한다. 그러나 더 많은 학생들은 이 세 가지 코스에 모두 흥미를 가지고 있어서 어디로 가야 좋을지 모르겠는 상황이다.

08 생활 서비스

1 언제 찾을 수 있나요?

사장 안녕하세요! 어서 오세요!

아이쩐 안녕하세요! 옷 몇 벌을 드라이클리닝 하려고요.

사장 그래요. 셔츠 두 벌, 바지 한 벌, 치마 한 벌, 외투 한 벌, 총 다섯 벌이네요. 여기에 놓으세요.

아이쩐 아저씨, 언제 찾을 수 있나요?

사장 보통 3일 후에 찾는데, 급하게 입어야 하시면 이틀에도 가능해요.

아이쩐 더 빨리는 안 될까요? 특히 저 치마는 제가 급하게 입어야 해서요.

사장 그렇다면 한 벌당 5위안씩이 더 추가돼요.

아이쩐 좋아요. 내일 점심 때 찾으러 올게요. 참, 외투 좌측 소매 위에 기름때가 있는데, 세탁할 때 신경 좀 써 주세요.

사장 알겠어요. 최대한 노력해 볼게요. 하지만 깨끗이 세탁될지는 모르겠네요.

아이쩐 모두 얼마예요?

사장 85위안이에요.

2 제 핸드폰 좀 봐 주세요.

펄롱 아저씨, 제 핸드폰 좀 봐 주세요.

사장 잠깐만 기다리세요. 곧 갈게요. 무슨 문제인가요?

펄롱 실수로 핸드폰을 떨어뜨렸는데, 액정이 까매지고 아무것도 안 떠요.

사장 심하게 떨어뜨렸나 봐요. 이 부분이 깨졌어요. 전화벨은 울리나요?

펄롱 벨소리는 들리는데 전화를 받을 수가 없어요.

사장 그래도 다행이네요. 내부는 고장 나지 않았어요. 액정만 교체하면 되겠네요.

펄롱 액정 교체하는 건 얼마예요?

사장 비싼 건 400위안이고, 저렴한 건 200위안이에요.

펄롱 새 핸드폰으로 바꾸려던 참이라 우선 저렴한 것으로 교체할게요. 좀 빨리해 주세요. 제가 급하게 사용해야 해서요.

사장 그러죠. 20분 뒤에 가지러 오세요.

펄롱 네. 잠깐 나가서 돈을 좀 찾아올게요.

3 베이징 서비스업의 발전

베이징의 서비스업은 최근 몇 년간 빠르게 발전하고 있으며, 경쟁 또한 심하다. 그러나 국민들의 생활은 확실히 매우 편리해졌다. 식사를 예로 들면, 고급 호텔도 있고, 저렴한 식당도 있다. 당신이 원

한다면 단 십 몇 위안으로도 길거리 음식점에서 식사를 할 수 있는데, 싸고도 편리하다. 그러나 반드시 조심해야 할 것은 어떤 길거리 음식점들은 위생이 그다지 좋지 못하므로 만약 배탈이라도 나게 되면 낭패다. 그렇지 않겠는가?

09 베이징의 시장

1 어디에 가서 사야 좋을까요?

펄롱 나 새 핸드폰으로 바꾸려고 하는데, 어디 가서 사는 것이 좋을까?

황용 학교에서 멀지 않은 곳에 쑤닝 전자상가가 있는데, 그곳에 핸드폰 종류가 아주 많으니까 거기 가서 둘러봐.

펄롱 쑤닝 전자상가는 어떻게 가지?

황용 아니면 이렇게 하자. 나도 마침 컴퓨터를 사려고 했는데 내가 너와 함께 가 줄게.

펄롱 그거 정말 잘됐다. 가는 김에 나 대신 가격도 좀 흥정해 줘.

황용 거기는 중국에서 가장 큰 전자제품 체인점이라 전국적으로 가격이 일정해서 가격 흥정을 하지 않아.

펄롱 그럼 가격이 꽤 비싼 거 아니야?

황용 비싸지 않아. 인터넷 쇼핑몰의 가격과 비슷해. 종류가 많고 싼 것도 있어.

펄롱 나는 천 위안 남짓한 걸로 사고 싶어.

2 싼 게 비지떡

A 근처에 도매시장이 새로 생겼다던데, 일상생활용품만 판대.

B 너 또 돈 쓰고 싶구나?

A 도매시장은 물건도 싼 데다가 흥정도 할 수 있어서 돈을 얼마 쓰지도 못해.

B 조심해. 도매시장에서 물건을 살 때는 속을 수도 있어.

A 꼭 그렇지만은 않아. 아니면 나와 함께 가서 한번 보던지.

B 너 정말 갈 필요 없어. 거기 내가 가 봤는데 물건들이 대형 쇼핑몰만큼 좋지는 않더라.

A 그건 나도 알아. 싼 게 비지떡이라고 하잖아.

B 싸게 사려면 인터넷 쇼핑몰에서 사지 그래. 직접 거기까지 가서 크고 작은 보따리들을 싸 들고 올 필요 없잖아.

A 그건 네가 모르는 소리야. 인터넷 쇼핑은 직접 시장에 가서 구경하는 것만큼 재미있지 않다고.

3 인터넷 쇼핑의 장단점

요즘 쇼핑은 갈수록 편리해지고 있다. 대형 상점을 비롯해서 슈퍼마켓과 소형 상점, 게다가 각양각색의 도매시장도 있다. 만약 시장에 직접 갈 시간이 없다면, 인터넷 쇼핑몰에서 물건을 살 수도 있다. 인터넷 쇼핑몰에는 먹을 것, 입을 것, 쓸 것, 핸드폰, 가전제품, 가구 등 안 파는 물건이 없고, 인터넷에서 사고 싶은 물건을 고르고 주문한 뒤 돈만 지불하면 며칠 후 택배 회사가 물건을 당신의 집으로 배달해 준다. 하지만 인터넷 쇼핑을 할 때는 반드시 조심해야 한다. 조심하지 않으면 품질이 좋지 않은 물건을 구입하게 될 수도 있다.

10 건강을 위하여

1 살을 좀 빼야 해요.

아내 당신 살찐 것 좀 봐요! 신발끈 묶는 것까지도 내가 도와줘야 하잖아요. 어쨌든 당신은 살을 빼야 해요!

라오둥 그래, 그래! 하지만 나 같은 사람은 어떻게 살을 빼려고 해도 소용이 없다고.

아내 그래도 뺄 방법을 생각해 봐야죠. 살을 빼지 않으면 많은 질병에 걸릴 거예요.

라오둥 이 광고 좀 봐! '지엔페이링', 신상품이네. 아니면, 이거 한번 먹어 볼까?

아내 내가 보기에 이런 약들은 다 아무 소용없어요.

라오둥 말이 너무 단정적인데?

아내 그럼 요즘 뚱뚱한 사람들이 왜 갈수록 많아지는 건지 한번 말해 봐요.

라오둥 어차피 약을 먹어도 소용없다면 그만둘래.

아내 안 돼요. 내일부터 엘리베이터 타지 말고 매일 계단으로 올라가요!

2 공처가

라오왕 라오둥 아닌가? 왜, 엘리베이터가 고장 났어?

라오둥 아니야. 나 요즘 다이어트 시작했어. 자, 한 대 피우지.

라오왕 아니, 아니, 아니야. 만일 아내가 알았다가는 골치 아파져.

라오둥 자네 어쩌다가 '공처가'가 됐어?

라오왕 나한테 뭐라 할 거 없어. 자네가 매일 계단을 오르며 살을 빼려는 것도 분명 자네 아내 생각일 거면서.

라오둥 그건 누구나 알 듯이 아내가 나를 위해서 그러는 거지. 내가 병에 걸릴까 봐 걱정돼서.

라오왕 우리 아내도 마찬가지야! 나는 이제 가 봐야겠어. 천천히 올라가게.

라오둥 힘들어 죽겠네. 나는 우선 담배나 한 대 피고 좀 쉬어야겠어.

3 게임 중독

샤오밍의 10살 생일 때, 아빠 엄마가 그에게 컴퓨터를 한 대 사 주셨다. 원래는 공부하는 데 도움이 되라고 사 준 것이었는데, 뜻밖에 샤오밍이 컴퓨터 게임에 빠지게 되면서, 한번 시작하면 몇 시간씩이나 했다. 아빠 엄마가 무슨 말을 해도 듣지 않았다. 최근 시험에서 샤오밍은 성적이 많이 떨어졌고, 시력도 하루가 다르게 나빠지고 있다. 아빠 엄마는 마음이 조급해져서 그가 컴퓨터 게임을 하지 못하도록 했다. 게임을 할 수 없게 되자, 샤오밍은 요 며칠 동안 밥맛도 없고 잠도 제대로 잘 수 없었다. 아들이 말도 안 하고 웃지도 않는 모습을 보니, 아빠 엄마는 어찌할 바를 몰랐다.

11 물건 사기

1 어떤 종류를 원하시나요?

아이쩐 차를 사서 친구에게 선물하려고 하는데, 포장이 잘 된 것으로 주세요.

판매원 이런 차들이 모두 좋아요. 어떤 종류를 원하세요?

아이쩐 이런, 종류가 정말 많네요. 서로 다른 찻잎의 특징을 설명해 주실 수 있나요?

판매원 녹차와 재스민차는 날씨가 더울 때 비교적 좋아요. 커피와 마찬가지로 각성 효과가 있어서 몸에 더욱 좋답니다.

아이쩐 그럼 오후에 마시면 밤에 잠을 못 자는 거 아닌가요?

판매원 아, 수면에 영향을 줄까 봐 그러시면 푸얼차를 마시면 돼요. 다이어트에도 효과가 있습니다.

아이쩐 정말요? 푸얼차는 한 근에 얼마예요?

판매원 이 종류를 좀 보시죠. 가장 유명한 브랜드이고 포장도 아주 예뻐요.

아이쩐 좋긴 한데, 너무 비싸네요. 제가 학생이라 품질도 좋고 가격도 저렴한 것이 좋겠어요. 브랜드와 포장 같은 것은 적당하면 돼요.

판매원 이 종류는 할인 판매하고 있어요. 원래 가격이 240위안인데, 할인 가격은 120위안입니다. 품질도 좋고 가격도 싸요.

아이쩐 좋아요. 이걸로 살게요.

2 후회하지 말아요.

아이쩐 이 블라우스 좀 봐. 옷감이 진짜 좋아. 입으면 틀림없이 멋있을 거야!

모치즈키 멋있기는 할 텐데 색깔이 너무 진해. 나이 드신 분에게 더 잘 어울릴 것 같아. 네가 보기에 이 모델이 입고 있는 빨간 치마는 어때?

아이쩐 정말 너무 예쁘다! 디자인도 특색 있고 색깔도 선명하네.

모치즈키 너는 몸매도 날씬하고 피부도 희어서 입으면 분명히 예쁠 거야. 하나 골라서 입어 봐.

아이쩐 됐어, 다음에. 나 오늘은 블라우스를 사러 온 거라는 걸 잊지 마.

모치즈키 알았어. 그럼 너 절대 후회하지 마.

아이쩐 걱정 마. 나는 여태껏 후회해 본 적이 없어. 나중에 분명히 더 좋은 옷이 있을 거야. 너는 왜 계속 말만 하고 안 사니?

모치즈키 나는 지금 후회하고 있어. 며칠 전에 치마 하나를 샀거든. 또 사면 남아돌게 돼.

아이쩐 맞아, 나도 그래. 여태껏 쓸데없는 물건을 산 적이 없어.

3 물건을 고를 때 누구를 믿어야 할까요?

　요즘 물건을 살 때 누구를 믿어야 할지 정말 모르겠다. 나 자신을 믿자니, 내가 모든 방면에 전문가일 수는 없고, 광고를 믿자니, 그렇게 많은 광고 중에 어떤 광고를 믿어야 할지 모르겠다. 상점이나 판매원을 믿자니, 물건을 사기 전의 태도는 매우 좋다가도 사고 난 후에도 꼭 그러리라는 법은 없으니.
　나는 물건을 살 때 주로 품질과 가격이 적당한지를 보고, 색상이나 디자인 등은 그냥 적당하기만 하면 된다. 그러나 가격이 적당한지 아닌지는 항상 분명하지가 않다. 그래서 나는 다른 사람들은 물건을 살 때 어떻게 결정하는지 알고 싶다.

12 친구에 대해 이야기하다

1 모두 다 그렇게 생각하고 있었어요.

장잉　너 알고 있어? 샤오치앙이 상하이로 일하러 간대.
황융　정말? 나는 그가 대학원 시험을 볼 거라고 줄곧 생각했었는데.
장잉　모두 다 그렇게 생각하고 있었지. 그래서 나는 그가 상하이에 간다는 소식을 듣고 좀 갑작스러웠어.
황융　그래도 우리 중에서는 네가 그를 가장 잘 알잖아.
장잉　너희도 그와 가까웠잖아. 그 애는 매우 성실해. 조금 내향적이긴 하지만.
황융　그에 대해 말하니까 말인데, 나는 자주 그가 좀 이상하다고 느꼈어.
장잉　사실 그는 머리가 매우 좋아. 항상 새로운 생각을 가지고 있거든.
황융　하하, 너는 그를 칭찬만 하는데, 그는 단점이 없는 거야?
장잉　당연히 있지. 하지만 좋은 친구라면 앞에서는 단점을 이야기하고 뒤에서는 장점을 이야기해야지. 게다가 그의 단점은 너희도 모두 알고 있잖아.
황융　참, 그는 무슨 일자리를 찾은 거야?
장잉　대외 중국어 교육이야. 외국인에게 중국어를 가르치는 일이지.

2 그녀의 성격은 조금 내향적이에요.

펄롱　모치즈키는 굉장히 겸손하더라.
톰　나도 그렇게 생각해. 그런데 그녀의 성격은 조금 내향적이야.
펄롱　누가 아니래! 수업 시간에 입을 열고 말을 좀 많이 하면 그녀의 회화 실력이 더 좋아질 텐데.
톰　그녀는 일본인과 함께 있을 때는 말도 잘하고 잘 웃는다더라.
펄롱　그럼 아마 시간이 지나면 우리와도 말하고 웃게 되겠지.
톰　말하자면, 그녀의 성격은 정말 좋아. 말할 때 목소리도 듣기 좋고. 너는 어떻게 생각해?
펄롱　맞아. 좋은 아이야.

3 우리 반 친구들은 무척 재미있어요.

　우리 반 졸라는 이탈리아 사람인데, 키도 크고 눈도 크며 머리는 노란색이다. 졸라는 말하는 것도 좋아하고 웃기도 잘한다. 웃을 때 소리도 크고, 웃는 모습도 보기 좋다. 그는 성격이 매우 외향적이어서 할 말이 있으면 다 해 버린다. 모두 그와 함께 있는 것을 좋아한다. 그는 공부도 매우 열심히 하고, 게다가 똑똑해서 선생님이 한 번 말씀하시면 바로 배운다. 그는 틈만 나면 거리를 돌아다니면서 중국인들과 말을 하는데, 특히 중국 노인들과 이야기하는 것을 매우 좋아한다. 그러나 그에게도 단점이 있는데, 그것은 바로 잘 조급해한다는 것이다. 그렇지만 우리 반 친구들은 그가 조급해할 때의 모습을 보는 것을 좋아하는데, 매우 귀엽기 때문이다.
　우리 반의 모든 학생들은 무척 재미있다. 당신은 그들을 알고 싶지 않은가?

 모범 답안

01

● 내공 쌓기

1

◆ 我常常先复习然后预习。	◆ 나는 항상 먼저 복습을 하고 난 후에 예습을 한다.
◆ 今天我们先听写然后学新课。	◆ 오늘 우리는 먼저 받아쓰기를 한 후에 새로운 과를 배웠다.
◆ 今天晚上我们先吃饭然后喝酒吧。	◆ 오늘 저녁에 우리 먼저 밥을 먹고 난 후에 술을 마시자.
◆ 你先想好去哪儿，然后买火车票。	◆ 너는 우선 어디로 갈지 생각하고 난 후에 기차표를 사라.
◆ 一会儿我要先去邮局寄信，然后去商店买东西。	◆ 잠시 후에 나는 먼저 우체국에 가서 편지를 부친 후에 상점에 가서 물건을 살 것이다.
◆ 我今天要先出去办点儿事，然后跟朋友一起吃饭。	◆ 나는 오늘 먼저 외출해서 볼일을 본 후에 친구들과 함께 밥을 먹을 것이다.

2

❶ 林福民练习写汉字的时候听音乐。 → 林福民一边练习写汉字一边听音乐。	❶ 린푸민은 한자 쓰는 연습을 할 때 음악을 듣는다. → 린푸민은 한자 쓰는 연습을 하면서 음악을 듣는다.
❷ 主人去开门，问：“谁呀？” → 主人一边去开门一边问：“谁呀？”	❷ 주인은 문을 열며 물었다. "누구세요?" → 주인은 문을 열면서 '누구세요?'라고 물었다.
❸ 望月打扫房间的时候唱歌。 → 望月一边打扫房间一边唱歌。	❸ 모치즈키는 방을 청소할 때 노래를 부른다. → 모치즈키는 방을 청소하면서 노래를 부른다.
❹ 爸爸喜欢看着电视吃饭。 → 爸爸喜欢一边看电视一边吃饭。	❹ 아빠는 텔레비전을 보며 식사하는 것을 좋아하신다. → 아빠는 텔레비전을 보면서 식사하는 것을 좋아하신다.
❺ 出租车司机开车的时候常常跟客人说话。 → 出租车司机常常一边开车一边跟客人说话。	❺ 택시 기사는 운전할 때 항상 손님과 이야기를 한다. → 택시 기사는 항상 운전하면서 손님과 이야기를 한다.

3
① 他们是上星期去上海的，是坐火车去的。
② 他们是来上海〇〇公司开会(kāihuì, 회의를 하다)的。
③ 他们是昨天回北京的。
④ 他们是先吃饭再去公司的。

① 그들은 지난주에 상하이에 갔는데, 기차를 타고 갔다.
② 그들은 상하이 〇〇회사에 회의를 하러 왔다.
③ 그들은 어제 베이징에 돌아왔다.
④ 그들은 먼저 식사를 하고 회사에 갔다.

4
　　为了开会，上个星期小张和小李去上海了。今天中午他们回到北京。下了火车，两个人都饿了。他们一边商量，一边走。他们想先去吃饭，然后回公司。

회의를 하기 위해서 지난주 샤오장과 샤오리는 상하이에 갔고, 오늘 점심에 베이징에 돌아왔다. 기차에서 내리자 둘은 배가 고파서, 상의를 하며 걸었다. 그들은 우선 밥을 먹으러 갔다가 회사로 돌아가려고 한다.

5
① A 你喜欢听中国歌吗？
　 B 喜欢，可是歌词一句也听不懂。
② A 昨天你睡得好吗？
　 B 昨天晚上楼上有人开晚会，声音很大，我一点都睡不着。
③ A 今天听写单词，谁的成绩最好？
　 B 大卫一个单词也没错，得了100分。
④ A 你们国家冬天冷不冷？
　 B 一点都不冷，穿一件衬衫一件外套就可以了。
⑤ A 昨天开会的时候，校长说了什么？
　 B 他说得太快，我一句都没听懂。

① A 중국 노래를 좋아하나요?
　 B 좋아하는데, 가사는 하나도 못 알아들어요.
② A 어제 잘 잤어요?
　 B 어제 저녁에 위층에서 누가 파티를 하는지, 소리가 너무 커서 한숨도 못 잤어요.
③ A 오늘 단어 받아쓰기에서 누구 성적이 가장 좋았나요?
　 B 데이비드가 하나도 틀리지 않아서 100점을 받았어요.
④ A 당신의 나라는 겨울이 춥나요?
　 B 하나도 안 추워요, 셔츠 하나에 외투 하나만 입어도 돼요.
⑤ A 어제 회의 때 교장 선생님이 무슨 말씀을 하신 거예요?
　 B 말씀이 너무 빨라서 하나도 못 알아들었어요.

6

① 爱珍想唱好京剧，每天很早就起床练习。
→ 爱珍为了唱好京剧，每天很早就起床练习。/ 爱珍每天很早就起床练习是为了唱好京剧。

② 金美英请假回国，去参加姐姐的婚礼。
→ 为了去参加姐姐的婚礼，金美英请假回国。/ 金美英请假回国是为了去参加姐姐的婚礼。

③ 奶奶经常自己做衣服，这样可以少花钱。
→ 为了少花钱，奶奶经常自己做衣服。/ 奶奶经常自己做衣服是为了少花钱。

④ 李钟文学会汉语以后要在中国工作。
→ 为了以后在中国工作，李钟文学汉语。/ 李钟文学汉语是为了以后在中国工作。

⑤ 望月每星期给妈妈打一次电话，这样妈妈就不会担心了。
→ 望月为了不让妈妈担心每个星期给妈妈打一次电话。/ 望月每个星期给妈妈打一次电话是为了不让妈妈担心。

⑥ 飞龙想交中国朋友，他努力地练习口语。
→ 飞龙为了交中国朋友努力地练习口语。/ 飞龙努力地练习口语是为了交中国朋友。

① 아이쩐은 경극을 잘하고 싶어서 매일 일찍 일어나서 연습한다.
→ 아이쩐은 경극을 잘하기 위해서 매일 일찍 일어나서 연습한다. / 아이쩐이 매일 일찍 일어나서 연습하는 것은 경극을 잘하기 위해서이다.

② 김미영은 휴가를 내고 귀국해서 언니의 결혼식에 참석했다.
→ 언니의 결혼식에 참석하기 위해서 김미영은 휴가를 내고 귀국했다. / 김미영이 휴가를 내고 귀국한 것은 언니의 결혼식에 참석하기 위해서이다.

③ 할머니는 항상 스스로 옷을 지으시는데, 이렇게 하면 돈을 아낄 수 있다.
→ 돈을 아끼기 위해서 할머니는 항상 스스로 옷을 지으신다. / 할머니가 항상 스스로 옷을 지으시는 것은 돈을 아끼기 위해서이다.

④ 이종문은 중국어를 배운 후에 중국에서 일하려고 한다.
→ 앞으로 중국에서 일하기 위해서 이종문은 중국어를 배운다. / 이종문이 중국어를 배우는 것은 앞으로 중국에서 일하기 위해서이다.

⑤ 모치즈키는 매주 엄마에게 전화를 한 통 하는데, 이렇게 하면 엄마는 걱정하지 않으신다.
→ 모치즈키는 엄마를 걱정시키지 않기 위해서 매주 엄마에게 전화를 한 통 한다. / 모치즈키가 매주 엄마에게 전화를 한 통 하는 것은 엄마를 걱정시키지 않기 위해서이다.

⑥ 펄롱은 중국 친구를 사귀고 싶어서 열심히 중국어 회화를 연습한다.
→ 펄롱은 중국 친구를 사귀기 위해서 열심히 중국어 회화를 연습한다. / 펄롱이 열심히 중국어 회화를 연습하는 것은 중국 친구를 사귀기 위해서이다.

7

① 你猜我是哪国人。
② 学校派他去美国学习。
③ 他希望能在IBM公司工作。
④ 我在公司一边工作一边听音乐。
⑤ 我先去买东西，然后回宿舍。
⑥ 那家公司特别大。
⑦ 来北京以后，她从来没去看过电影。
⑧ 他为了喝咖啡，经常去咖啡厅。

① 내가 어느 나라 사람인지 맞혀 보세요.
② 학교에서 그를 미국으로 보내서 공부하게 했다.
③ 그는 IBM 회사에서 일할 수 있기를 희망한다.
④ 나는 회사에서 일하면서 음악을 듣는다.
⑤ 나는 우선 물건을 산 후에 숙소로 돌아왔다.
⑥ 그 회사는 아주 크다.
⑦ 베이징에 온 후로 그녀는 여태껏 영화를 보러 간 적이 없다.
⑧ 그는 커피를 마시기 위해 자주 커피숍에 간다.

자유롭게 말하기

1

이종문 你好！我叫李钟文，韩国人。你呢？
친구　　我叫丹尼尔。认识你很高兴。
이종문 认识你我也特别高兴。你的汉语怎么这么好？在哪里学的？
친구　　我在美国学的。你的汉语在哪里学的？
이종문 是在韩国学的，不太好。
친구　　在这儿学完以后，你打算去哪儿？
이종문 学完以后，我先回国看看家里人，然后回中国找工作。你呢？
친구　　我打算先去西安玩玩儿，然后回美国。
이종문 哟，要上课了，下课再聊吧。

이종문 안녕! 내 이름은 이종문이고, 한국인이야. 너는?
친구　　나는 다니엘이라고 해. 만나서 반가워.
이종문 나도 만나서 매우 기뻐. 너 중국어 실력이 왜 이렇게 좋아? 어디에서 공부했니?
친구　　나는 미국에서 공부했어. 너는 중국어 어디에서 공부했니?
이종문 한국에서 공부했어. 별로 잘하지는 못해.
친구　　여기에서 공부를 마친 후에 어디로 갈 계획이야?
이종문 공부를 마친 후에 나는 우선 귀국해서 가족들을 본 다음 중국으로 돌아와서 일을 찾으려고 해. 너는?
친구　　나는 우선 시안에 가서 좀 논 후에 미국으로 돌아갈 거야.
이종문 어, 수업 시작한다. 수업 끝나고 다시 이야기하자.

02
내공 쌓기

1

① A 林福民普通话说得怎么样?
   B 林福民普通话说得又清楚又流利。

② A 小王的爱人会做饭吗?
   B 小王的爱人会做饭，而且做得又快又好。

③ A 老张为什么喜欢钓鱼?
   B 因为又能吃新鲜的鱼又能锻炼身体。

④ A 你中午怎么总是吃方便面?
   B 因为吃方便面又可以省时间又可以省钱。

⑤ A 李钟文最近怎么样?
   B 李钟文最近特别忙，因为他又要上班又要学汉语。

① A 린푸민의 보통화 실력은 어때요?
   B 린푸민은 보통화를 분명하고 유창하게 말해요.

② A 샤오왕의 아내는 밥을 할 줄 아나요?
   B 샤오왕의 아내는 밥을 할 줄 아는 데다가 빠르면서도 잘해요.

③ A 라오장은 왜 낚시를 좋아하나요?
   B 왜냐하면 신선한 물고기를 먹을 수도 있고 신체를 단련할 수도 있어서요.

④ A 당신은 점심에 왜 항상 라면을 먹나요?
   B 왜냐하면 라면을 먹으면 시간도 절약할 수 있고 돈도 절약할 수 있으니까요.

⑤ A 이종문은 요즘 어때요?
   B 이종문은 요즘 매우 바빠요. 왜냐하면 그는 출근도 해야 하고 중국어도 배워야 하거든요.

2

- 爸爸一到星期天就去钓鱼。
- 我一喝啤酒就想睡觉。
- 妈妈一生气就去公园。
- 我一有舞会就参加。
- 一有人请吃饭他就非常高兴。

- 아빠는 일요일만 되면 낚시를 하러 가신다.
- 나는 맥주만 마시면 자고 싶다.
- 엄마는 화만 나면 공원에 가신다.
- 나는 댄스파티만 열리면 참가한다.
- 누군가 식사 초대만 하면 그는 매우 기뻐한다.

3

- 小张一起床就去上课。
- 小张一进教室就坐下了。
- 小张一下课就去吃饭。
- 小张一吃完饭就去图书馆。

- 샤오장은 일어나자마자 수업을 들으러 갔다.
- 샤오장은 교실에 들어가자마자 자리에 앉았다.
- 샤오장은 수업이 끝나자마자 밥을 먹으러 갔다.
- 샤오장은 밥을 다 먹자마자 도서관에 갔다.

4

① 这么多菜，我吃不完。
→ 这么多菜我吃不了。

② 我的汉语水平不高，不能学C班的课本。
→ 我的汉语水平不高，学不了C班的课本。

③ 我一个人不能拿这么多书。
→ 我一个人拿不了这么多书。

④ 你能喝完10瓶啤酒吗？
→ 你喝得了10瓶啤酒吗？

⑤ 四川菜很辣，我不能吃。
→ 四川菜很辣，我吃不了。

⑥ 这个箱子不重，我能拿。
→ 这个箱子不重，我拿得了。

① 이렇게 많은 음식을 나는 다 못 먹는다.
→ 이렇게 많은 음식을 나는 먹을 수 없다.

② 내 중국어 수준은 높지 않아서 C반의 교재는 배울 수 없다.
→ 내 중국어 수준은 높지 않아서 C반의 교재는 배울 수 없다.

③ 나 혼자서는 이렇게 많은 책을 들 수 없다.
→ 나 혼자서는 이렇게 많은 책을 들 수 없다.

④ 당신은 10병의 맥주를 마실 수 있나요?
→ 당신은 10병의 맥주를 마실 수 있나요?

⑤ 쓰촨 음식은 너무 매워서 나는 먹을 수 없다.
→ 쓰촨 음식은 너무 매워서 나는 먹을 수 없다.

⑥ 이 트렁크는 무겁지 않아서 내가 들 수 있다.
→ 이 트렁크는 무겁지 않아서 내가 들 수 있다.

5

① 他说话的声音太小了，我一点儿也听不清楚。
② 王老师说话既慢又清楚，同学们都听得懂。
③ 我把钥匙放在书包里了，可是找不到了。
④ 师傅，我明天要骑车去长城，修得好吗？
⑤ 这本书太厚了，她看不完。
⑥ 这件衣服上有很多菜汤，洗得干净吗？

① 그의 말하는 목소리가 너무 작아서 나는 하나도 듣지 못했다.
② 왕 선생님은 천천히 명확하게 말씀하셔서 학생들이 모두 알아들을 수 있다.
③ 나는 열쇠를 책가방 안에 넣어 두었는데 찾을 수 없었다.
④ 사장님, 저 내일 자전거를 타고 만리장성에 가야 하는데, 고칠 수 있을까요?
⑤ 이 책은 너무 두꺼워서 그녀는 다 읽지 못했다.
⑥ 이 옷에 국물이 많이 튀었는데, 깨끗하게 빨 수 있을까요?

6

① 你说得这么清楚，我当然听得懂。
② 你说得这么快，我一点儿也听不懂。

① 당신이 이렇게 명확하게 말하니, 나는 당연히 알아들을 수 있어요.
② 당신이 이렇게 빨리 말하니, 나는 하나도 못 알아듣겠어요.

❸ 这个东西这么轻，我当然拿得了。

❹ 这些东西这么重，我拿不了。

❺ 他骑车这么慢，半个小时一定到不了。

❻ 老师给我们的作业这么多，今天晚上一定做不完。

❸ 이 물건은 이렇게 가벼우니, 나는 당연히 들 수 있어요.

❹ 이 물건들은 이렇게 무거우니, 나는 들 수 없어요.

❺ 그가 자전거를 이렇게 느리게 타니, 30분 만에 절대 도착할 수 없어요.

❻ 선생님이 우리에게 숙제를 이렇게 많이 주셨으니, 오늘 밤에는 절대 끝내지 못해요.

7

❶ 这些问题真让人头疼。

❷ 家里有好吃的东西，妈妈总是先让孩子吃。

❸ 在这儿生活一点儿也不便宜，每个月要花很多钱。

❹ 他最拿手的中国歌是《月亮代表我的心》。

❺ 我们学校里有树，有草，有花，环境很不错。

❻ 这种葡萄酒的味道很特别。

❼ 他在北京住了八年了，汉语说得很地道。

❽ 林福民住在学校附近，每天走路来上课。

❾ 我们楼里的服务员服务非常热情。

❿ 他确实不知道，你告诉他吧。

❶ 이 문제들은 정말 사람을 골치 아프게 한다.

❷ 집에 맛있는 것이 있으면, 엄마는 항상 아이에게 먼저 먹인다.

❸ 이곳에서 생활하는 것은 전혀 저렴하지 않다. 매달 엄청 많은 돈을 써야 한다.

❹ 그가 가장 잘 부르는 중국 노래는 「달빛이 내 마음을 대신해요」이다.

❺ 우리 학교에는 나무, 풀, 꽃 등이 있어서 환경이 매우 좋다.

❻ 이 포도주의 맛은 매우 특별하다.

❼ 그는 베이징에서 8년을 살아서, 중국어를 정말 제대로 한다.

❽ 린푸민은 학교 근처에 살아서, 매일 걸어서 수업에 온다.

❾ 우리 층 관리인은 매우 친절하다.

❿ 그는 확실히 모르니 당신이 그에게 알려 줘요.

자유롭게 말하기

1

린푸민　咱们就在这儿吃吧，这家的饭菜非常不错。
친구　　行。我第一次来这里，还是你点吧。
린푸민　这样吧，咱们还是问问服务员小姐，然后再点。
종업원　二位，吃点儿什么?

린푸민　우리 여기에서 먹자. 이 집 음식 정말 괜찮아.
친구　　좋아. 나는 여기 처음 오니까 네가 주문해.
린푸민　이렇게 하자. 우리 종업원에게 물어보고 난 후에 시키자.
종업원　두 분, 어떤 걸 드시겠어요?

린푸민	请介绍一下你们的拿手菜，好吗?
종업원	好的。请问，辣的能吃吗?
린푸민	能吃。不过，太辣就吃不了啦。
종업원	你们来一个酸辣土豆丝吧，有一点点辣。
린푸민	行。有没有不辣的?
종업원	京酱肉丝不错，是北京风味儿的，就是有点儿甜。
린푸민	没关系。我爱吃甜的。再来一个汤。
종업원	还要别的吗?
린푸민	够了。我们就两个人，点多了吃不了。

린푸민	여기에서 제일 자신 있는 음식이 뭔지 소개해 주시겠어요?
종업원	좋습니다. 매운 거 드실 수 있나요?
린푸민	먹을 수 있어요. 하지만 너무 매우면 못 먹어요.
종업원	쏴라투더우쓰 하나 시켜 보세요. 아주 조금 매워요.
린푸민	좋아요. 맵지 않은 것도 있을까요?
종업원	징장러우쓰도 괜찮아요. 베이징풍의 음식인데, 조금 달아요.
린푸민	괜찮아요. 저는 단것을 좋아해요. 탕도 하나 주세요.
종업원	더 필요한 거 있으신가요?
린푸민	충분해요. 저희 둘뿐이라 많이 시키면 못 먹어요.

2

린푸민	这家饭馆的菜怎么样? 喜欢吗?
친구	真是又好吃又便宜，非常喜欢。
린푸민	环境也很不错，又干净又凉快。
친구	就是客人太多了，菜做得有点儿慢。
린푸민	是啊，因为留学生们都喜欢来这儿吃饭，有时候来晚了，就没有座位了。
친구	那以后我们得早点儿来。
린푸민	以后? 看来你打算常来了。
친구	这里的菜这么好吃，当然得常来。
린푸민	好，那我们一起来。
친구	一言为定(yì yán wéi dìng, 한마디로 결정하다)!

린푸민	이 식당 음식 어때? 마음에 들어?
친구	정말 맛있고 저렴하다. 너무 마음에 들어.
린푸민	시설도 괜찮아. 깨끗하고 시원하고.
친구	다만 손님이 너무 많아서 음식이 조금 늦게 나오네.
린푸민	맞아. 유학생들이 모두 여기에 와서 식사하는 것을 좋아해서 어떤 때는 늦게 오면 앉을 자리가 없어.
친구	그럼 앞으로 우리 조금 일찍 오자.
린푸민	앞으로? 보아하니 너 자주 올 생각이구나.
친구	여기 음식이 이렇게 맛있는데, 당연히 자주 와야지.
린푸민	좋아. 그럼 우리 같이 오자.
친구	약속했다!

03

내공 쌓기

1
- 这家饭馆的菜不但味道好吃，而且价格也便宜。
- 这家餐厅不但环境舒适，而且服务态度也不错。

- 이 식당의 음식은 맛이 좋을 뿐 아니라 가격도 저렴하다.
- 이 식당은 환경이 쾌적할 뿐 아니라 서비스 태도도 좋다.

2

① 智子不但知道了，而且别的同学也知道了。
→ 不但智子知道了，而且别的同学也知道了。

① 토모코가 알 뿐만 아니라 다른 학생들도 알고 있다.

② 他不但唱得很好听，而且喜欢唱歌。
→ 他不但喜欢唱歌，而且唱得也好。

② 그는 노래 부르는 것을 좋아할 뿐만 아니라 잘 부르기도 한다.

③ 不但李钟文会说日语，而且李钟文会说汉语。
→ 李钟文不但会说日语，而且还会说汉语。

③ 이종문은 일어를 할 수 있을 뿐만 아니라 중국어도 할 수 있다.

④ 他今天不但做了作业，而且吃了饭。
→ 他今天不但做完了作业，而且还预习了明天的课。

④ 그는 오늘 숙제를 끝냈을 뿐만 아니라 내일 수업의 예습까지 했다.

⑤ 我不但想吃日本菜，而且不想吃辣的菜。
→ 我不但想吃日本菜，而且也想吃韩国菜。

⑤ 나는 일본 음식을 먹고 싶을 뿐만 아니라 한국 음식도 먹고 싶다.

⑥ 李钟文和爱珍在饭馆儿里不但吃饭而且谈话。
→ 在饭馆里李钟文和爱珍不但吃了饭，而且还喝了酒。

⑥ 식당에서 이종문과 아이쩐은 밥을 먹었을 뿐만 아니라 술도 마셨다.

3

① 他 原来/为了 在一家公司工作，现在来这儿学习汉语。

① 그는 원래 한 회사에서 일했었는데, 지금은 여기에 와서 중국어를 공부한다. / 그는 한 회사에서 일하기 위해서 지금 여기에 와서 중국어를 공부한다.

❷ 您别太客气了，随便点几个菜就行了。

❸ 这件衣服真漂亮，不过有点儿大。

❹ 今天的菜确实很好吃，大家都非常喜欢。

❺ 他为了上课不迟到，每天早上6点起床。

❻ 这是他第四次来这个城市，这次来为的是找工作。

❼ 怪不得林福民口语这么好，原来他爸爸妈妈都说汉语。

❽ 爷爷每天早上去公园锻炼，回来的时候顺便给全家人买早点。

❷ 너무 예의 차리지 마시고, 편한 대로 요리 몇 개를 주문하시면 됩니다.

❸ 이 옷은 정말 예쁘지만 조금 크다.

❹ 오늘 요리는 정말 맛있어서, 모두들 매우 마음에 들어 했다.

❺ 그는 수업에 지각하지 않기 위해서 매일 아침 6시에 일어난다.

❻ 이번은 그가 네 번째로 이 도시에 온 것인데, 이번에 온 것은 일을 찾기 위해서이다.

❼ 어쩐지 린푸민이 말을 그렇게 잘하더라니, 알고 보니 그의 아빠 엄마가 모두 중국어로 말씀하셨다.

❽ 할아버지는 매일 아침 운동하러 공원에 가시는데, 돌아오시는 길에 온 가족의 아침 식사를 사 오신다.

4

❶ 大家快坐下吧，一边吃一边说。

❷ 他每天一到晚上10点就睡觉。

❸ 孩子一看见妈妈就高兴得笑了。

❹ 我先给那个饭馆儿打电话订座位，然后再通知王老师。

❺ 他不但告诉了同学，而且告诉了老师。

❻ 不但我们班去了，而且别的班也去了。

❼ 孩子看见妈妈来了，高兴得又叫又跳。

❽ 他又想去看电影，又想去跳舞。

❾ 李钟文一有时间就找中国朋友练习口语。

❿ 你先尝尝，然后再说好不好。

❶ 모두 얼른 앉아 보세요. 먹으면서 이야기해요.

❷ 그는 매일 저녁 10시만 되면 잠을 잔다.

❸ 아이는 엄마의 얼굴을 보자 기뻐서 웃었다.

❹ 나는 우선 그 식당에 전화해서 자리를 예약한 후 왕 선생님께 알려 드렸다.

❺ 그는 친구에게 알렸을 뿐만 아니라 선생님께도 알렸다.

❻ 우리 반이 갔을 뿐만 아니라 다른 반도 갔다.

❼ 아이는 엄마가 온 것을 보고 기뻐서 소리를 지르며 뛰었다.

❽ 그는 영화도 보러 가고 싶고, 춤도 추러 가고 싶다.

❾ 이종문은 시간만 나면 중국 친구를 찾아서 회화 연습을 한다.

❿ 우선 맛을 보고 난 후에 좋은지 나쁜지 다시 이야기해요.

5

① 周末我什么也没做，就在家里做作业！

② A 这几天谁看见小王了？
B 谁也没看见他。

③ A 周末你想去什么地方？
B 去哪儿都可以。

④ A 这件事你不要告诉别人，好吗？
B 放心吧，我谁都不告诉。

⑤ A 别客气！吃点儿什么？
B 什么都可以。

⑥ A 你打算什么时候去？
B 什么时候去都没关系。

⑦ A 买这件还是那件？
B 哪件都行。

⑧ 你在电话里说得太快了，我什么都听不懂。

① 주말에 나는 아무것도 하지 않고, 그저 집에서 숙제만 해요!

② A 요 며칠 동안 샤오왕 본 사람 있나요?
B 아무도 그를 보지 못했어요.

③ A 주말에 당신은 어디를 가고 싶나요?
B 어디를 가든 괜찮아요.

④ A 이 일은 다른 사람에게 말하지 말아요. 알겠죠?
B 걱정 마요. 아무에게도 말하지 않을게요.

⑤ A 예의 차리지 말고요! 뭐 먹고 싶어요?
B 어떤 것이든 괜찮아요.

⑥ A 언제 갈 생각이에요?
B 언제 가든 상관없어요.

⑦ A 이거 살 거예요, 저거 살 거예요?
B 어떤 것이든 좋아요.

⑧ 당신이 전화로 너무 빨리 이야기해서 나는 아무것도 못 알아들었어요.

6

① 我跟他只见过两次，对他不太熟悉。

② 我们是第一次见面，不过她给我的印象很好。

③ 已经12点了，宿舍楼里非常安静。

④ 我们学校的体育馆特别热闹，因为同学们都很喜欢去那儿运动。

⑤ 我们都非常努力，不过有部分学生不太努力。

⑥ 学习外语，没有词典不方便。

⑦ 以前学的课文比较简单，现在的有点儿难。

⑧ 我们宿舍楼里有个小卖部，买东西很方便。

① 나는 그와 두 번 밖에 만난 적이 없어서, 그에 대해 잘 알지 못한다.

② 우리는 처음 만났지만 그녀가 내게 준 인상은 매우 좋았다.

③ 벌써 12시라, 기숙사는 매우 조용하다.

④ 우리 학교 체육관은 매우 시끌벅적하다. 왜냐하면 학생들이 거기에 가서 운동하는 것을 좋아하기 때문이다.

⑤ 우리는 모두 매우 노력했지만 일부 학생들은 그다지 열심히 하지 않았다.

⑥ 외국어를 배울 때 사전이 없으면 불편하다.

⑦ 전에 배웠던 본문은 비교적 간단했는데, 지금 배우는 것은 조금 어렵다.

⑧ 우리 기숙사에는 매점이 있어서 물건을 살 때 매우 편하다.

자유롭게 말하기

1

리우강	请问，<u>办公楼在哪里</u>?
A	<u>对不起</u>，我不是这个学校的，对这儿<u>不太熟悉</u>。
리우강	请问，我要<u>去办公楼</u>，您知道在哪儿吗?
B	从这儿<u>一直往前走</u>，看见一个红楼再<u>右拐</u>，就<u>到了</u>。
리우강	我顺便再问一下，您知道外事处在几层吗?
B	对不起，<u>我也不知道</u>。你到了办公楼<u>再问别人吧</u>。
리우강	<u>谢谢</u>!
B	<u>不用谢</u>!

리우강	실례합니다. 사무실이 어디죠?
A	죄송하지만 저는 이 학교 학생이 아니라 여기를 잘 몰라요.
리우강	실례합니다. 사무실에 가려고 하는데, 어디인지 아시나요?
B	여기에서 앞으로 쭉 가다가 빨간색 건물이 보이면 우회전하면 도착해요.
리우강	묻는 김에 하나 더 물어볼게요. 외사처가 몇 층에 있는지 아시나요?
B	죄송해요. 저도 모르겠어요. 사무실에 가서 다른 사람에게 물어보세요.
리우강	감사합니다!
B	뭘요!

2

장잉	李红，你<u>也要去</u>吗?
리홍	哦，没什么事儿，<u>我想散步</u>，顺便<u>熟悉一下你们学校</u>。
장잉	<u>这样啊</u>，那我跟你一起去吧，<u>陪</u>你转转我们学校。
리홍	<u>谢谢</u>! 你先说说你们学校大不大吧。
장잉	<u>不太大</u>。你对我们学校的印象怎么样?
리홍	我觉得<u>又安静又漂亮</u>。
장잉	我也这样想，不过<u>操场附近太热闹了</u>。
리홍	我不这样想。我觉得<u>操场跟其他地方不一样，应该热闹一些</u>。
장잉	哟，<u>到头了</u>，咱们拐弯吧。
리홍	这个校园这么小，我看，<u>在这儿生活学习很不方便吧</u>。
장잉	不对，这个校园里边<u>什么都有</u>。
리홍	是吗? 你给我说说。
장잉	你看，<u>学校里有饭馆儿、超市、银行、理发店</u>……吃饭、买东西、取钱、理发……干什么都很方便。

장잉	리홍아, 너도 갈래?
리홍	오, 별일 없어. 나도 산책하고 싶으니, 가는 김에 너희 학교 좀 익히지 뭐.
장잉	그래. 그럼 나랑 같이 가자. 우리 학교 구경시켜 줄게.
리홍	고마워! 우선 너희 학교가 넓은지 이야기해줘.
장잉	별로 안 넓어. 우리 학교에 대한 인상은 어때?
리홍	조용하고 예뻐.
장잉	나도 그렇게 생각해. 그런데 운동장 근처는 조금 시끄러워.
리홍	나는 그렇게 생각하지 않아. 내 생각에 운동장은 다른 장소와 달라서 조금 시끌벅적해야 해.
장잉	오, 끝까지 왔네. 우리 돌아서 가자.
리홍	교정이 이렇게 작으니, 여기에서 생활하고 공부하는 것은 불편할 것 같은데.
장잉	아니야. 교정 안에 뭐든 다 있어.
리홍	그래? 말해 봐.
장잉	학교 안에는 식당, 슈퍼마켓, 은행, 이발소가 있어서, 밥 먹고, 물건 사고, 돈 찾고, 이발하고, 뭘 하든 아주 편리해.

04
내공 쌓기

1

◆ 或者看电影或者打球	◆ 영화를 보거나 공을 치거나
◆ 或者吃中国菜或者吃日本菜	◆ 중국 음식을 먹거나 일본 음식을 먹거나
◆ 或者星期一到或者星期二到	◆ 월요일에 도착하거나 화요일에 도착하거나
◆ 既学习经济也学习文学	◆ 경제도 배우고 문학도 배우고
◆ 既没去上课也没去看病	◆ 수업도 가지 않고 문병도 가지 않고
◆ 或者同意爸爸的意见或者同意妈妈的意见	◆ 아빠의 의견에 동의하거나 엄마의 의견에 동의하거나
◆ 或者自己用或者送给别人	◆ 자신이 쓰거나 다른 사람에게 주거나
◆ 既喜欢自己一个人玩儿也喜欢跟朋友一起玩儿	◆ 혼자 노는 것도 좋아하고 친구와 함께 노는 것도 좋아하고
◆ 或者上班工作或者做饭、洗衣服	◆ 출근해서 일을 하거나 밥하고 빨래를 하거나
◆ 既喜欢玩儿，也喜欢学习	◆ 노는 것도 좋아하고 공부하는 것도 좋아하고

2

❶ 你去过那个地方，你应该知道怎么走。
→ 你不是去过那个地方吗？你应该知道怎么走。

❷ 你是美国人，应该知道乔治·华盛顿是谁。
→ 你是美国人，怎么不知道乔治·华盛顿是谁？

❸ 现在天天上班，一点儿时间也没有。
→ 我不是天天上班吗？哪儿有时间啊？

❹ 别找了，你的书在这儿。
→ 别找了，书不是在这儿吗？

❺ 他既没学过法语，也没去过法国，听不懂。
→ 他既没学过法语，也没去过法国，怎么能听懂呢？

❶ 당신은 그곳에 가 봤으니 어떻게 가는지 알아야죠.
→ 당신은 그곳에 가 보지 않았나요? 당연히 어떻게 가는지 알아야죠.

❷ 당신은 미국인이니 조지 워싱턴이 누구인지 알아야죠.
→ 당신은 미국인인데, 어떻게 조지 워싱턴이 누구인지 모를 수 있나요?

❸ 요즘 매일 출근해서 조금의 시간도 없어요.
→ 나는 매일 출근하잖아요. 시간이 어디 있겠어요?

❹ 찾지 마요. 당신 책 여기에 있어요.
→ 찾지 마요. 책 여기 있는 거 아니에요?

❺ 그는 프랑스어를 배운 적도 없고, 프랑스에도 안 가 봐서 알아들을 수 없어요.
→ 그는 프랑스어를 배운 적도 없고, 프랑스에도 안 가 봤는데, 어떻게 알아들을 수 있겠어요?

⑥ 我不知道，没有人跟我说过。
　→ 没有人跟我说过，我哪儿知道？

⑦ 你是来学汉语的，应该多说汉语。
　→ 你不是来学汉语的吗? 应该多说汉语。

⑧ 他从来没学过汉语，一点儿也不会。
　→ 他从来没学过汉语，又怎么能会呢？

⑥ 나는 몰랐어요. 아무도 내게 말해 주지 않았거든요.
　→ 아무도 내게 말해 주지 않았는데 내가 어떻게 알겠어요?

⑦ 당신은 중국어를 배우러 온 거니까 중국어를 많이 말해야죠.
　→ 당신 중국어 배우러 온 거 아니에요? 중국어를 많이 말해야죠.

⑧ 그는 중국어를 배운 적이 없어서 하나도 할 줄 몰라요.
　→ 그는 중국어를 배운 적이 없는데 어떻게 할 줄 알겠어요?

3

① 我给他打了好几次电话，可是偏偏打不通。
② 昨天我去找你，你偏偏不在。
③ 大家都来了，偏偏李钟文没来。
④ 他每天上课都带着词典，偏偏今天没带。
⑤ 爱珍刚开始学京剧，还不能表演，过一段时间再说吧。
⑥ 今天经理不在，你的问题我不能解决，等经理回来再说。
⑦ 只吃肉不行，应该吃各种东西。
⑧ 大家问他怎么了，他只看着大家，什么也不说。

① 나는 그에게 여러 번 전화를 했지만 기어코 연결되지 않았다.
② 어제 내가 당신을 찾으러 갔는데, 당신은 공교롭게 자리에 없었어요.
③ 모두가 왔지만 이종문만 오지 않았다.
④ 그는 매일 수업을 갈 때 사전을 가지고 갔지만 하필 오늘은 가져오지 않았다.
⑤ 아이쩐은 막 경극을 배우기 시작해서 아직 연기를 할 수 없어요. 조금 시간이 지난 뒤 다시 이야기하죠.
⑥ 오늘 매니저님이 안 계셔서, 당신 문제를 해결할 수 없어요. 매니저님이 돌아오시면 다시 이야기하죠.
⑦ 고기만 먹어서는 안 되고, 다양한 것들을 먹어야 한다.
⑧ 모두가 그에게 어찌된 일인지 물었지만 그는 모두를 쳐다만 볼 뿐 아무 말도 하지 않았다.

4

① 我今天8:00才到教室，飞龙7:50就到了。

② 爱珍听了一遍就听懂了，李钟文听了三遍才听懂。

③ 昨天的作业我花了20分钟就做完了。

④ 他走了40分钟才走到。

⑤ 老师一说他就明白了。

⑥ 小张说了半天我们才明白他的意思。

⑦ 小张才/就说了一句话，我们明白了。

⑧ 写昨天的作业我就花了20分钟。

⑨ 这台空调才用了两个星期就坏了。

⑩ 我今天才学会这个词的用法。

① 나는 오늘 8시에야 교실에 도착했는데, 펄롱은 7시 50분에 벌써 와 있었다.

② 아이쩐은 한 번 듣고 바로 이해했고, 이종문은 세 번을 듣고서야 이해했다.

③ 어제 숙제를 나는 20분만에 바로 끝냈다.

④ 그는 40분을 걷고서야 도착했다.

⑤ 선생님이 말씀하시자마자 그는 바로 이해했다.

⑥ 샤오장이 한참을 이야기하고서야 우리는 그의 뜻을 이해했다.

⑦ 샤오장이 한마디 했을 뿐이지만 우리는 이해했다.

⑧ 어제 숙제를 하는 데 나는 20분을 쏟았다.

⑨ 이 에어컨은 2주 밖에 사용하지 않았는데 망가졌다.

⑩ 나는 오늘에서야 이 단어의 용법을 배웠다.

5

① 我一直不知道你是法国来的留学生。（○）

② 他希望能在北京一直住到明年。（○）

③ 李钟文不是一直在这儿学习汉语，9月以后他要去天津。（○）

④ 这件事他一直没告诉他的朋友。（×）

⑤ 他一直在法国住，从来没有去过别的国家。（×）

⑥ 他和他的女朋友从来不喝红酒。（○）

⑦ 他希望一直不生病。（×）

⑧ 20多年了，我从来没见过这样的人。（○）

⑨ 从早上到现在，我一直没吃东西。（×）

① 나는 네가 프랑스에서 온 유학생인지 줄곧 모르고 있었다.

② 그는 베이징에서 내년까지 줄곧 머물 수 있기를 바란다.

③ 이종문은 줄곧 여기에서 중국어를 공부할 것이 아니라, 9월 이후에는 텐진으로 갈 것이다.

④ 그는 줄곧 이 일을 그의 친구에게 알리지 않았다.

⑤ 그는 줄곧 프랑스에서만 살았지 다른 나라에 가본 적이 없다.

⑥ 그와 그의 여자친구는 여태껏 와인을 마시지 않았다.

⑦ 그는 줄곧 병에 걸리지 않기를 바란다.

⑧ 20여 년 동안 나는 이런 사람을 본 적이 없었다.

⑨ 아침부터 지금까지 나는 줄곧 아무것도 먹지 못했다.

⑩ 来这儿以前，他从来不吃辣的，现在他特别喜欢吃辣的了。　（○）

⑩ 여기에 오기 전에 그는 매운 것을 먹어 보지 않았지만, 지금 그는 매운 것 먹는 것을 매우 좋아한다.

6

❶ 这家饭馆儿人太多了，咱们换一家吧。

❷ 你的想法很好，我完全同意。

❸ 你穿这件衣服特别精神。

❹ 我住的那个楼对着一家电影院。

❺ 体育馆太吵，我没听见电话铃声。

❻ 已经8点了，快叫醒他。

❶ 이 식당에는 사람이 너무 많다. 우리 다른 곳으로 가자.

❷ 네 의견 너무 좋다. 나도 완전히 동의해.

❸ 너 이 옷 입으면 정말 생기발랄해 보여.

❹ 내가 살고 있는 그 건물은 영화관과 마주하고 있다.

❺ 체육관이 너무 시끄러워서 나는 전화벨 소리를 듣지 못했다.

❻ 벌써 8시네. 빨리 그를 깨워.

🟠 자유롭게 말하기

1

A 你怎么了? 怎么这么没有精神?
B 咱们的宿舍不是临街吗? 我的房间正对着歌厅和饭馆, 吵得我睡不着觉。
A 难怪你脸色(liǎnsè, 안색)这么不好。
B 而且, 这几天天气特别热, 可我房间的空调又偏偏坏了。
A 又吵又热, 你想办法换个房间吧。
B 我打算下午去找服务员。

A 무슨 일이야? 왜 이렇게 기운이 없어?
B 우리 기숙사가 길가에 있잖아. 내 방은 노래방과 음식점 바로 맞은편이라 시끄러워서 잠을 잘 수가 없어.
A 어쩐지 네 안색이 너무 안 좋아 보이더라니.
B 게다가 요 며칠 날씨도 엄청 더웠잖아. 그런데 내 방 에어컨이 하필 또 고장이 났어.
A 시끄럽고 더웠겠네. 방법을 생각해서 방을 바꿔야겠네.
B 오후에 관리인을 찾아가 보려고 해.

05
내공 쌓기

1

- 问：谁毕业得早？
  答：A毕业得比B早。
- 问：谁比谁会的外语多？
  答：A比B会的外语多。
- 问：谁去中国的次数更多？
  答：B比A去中国的次数更多。
- 问：谁睡得晚起得早？
  答：A比B睡得晚起得早。
- 问：谁到教室更早？
  答：A每天比B早到10分钟。
- 问：除了上课以外谁学习时间更长？
  答：A每天比B多学2个小时。
- 问：谁足球踢得更好？
  答：A比B踢得更好。
- 问：谁会的中国歌多？
  答：B会的中国歌比A多。
- 问：自行车谁骑得更好？
  答：B比A骑得更好。

- 질문: 누가 빨리 졸업했는가?
  대답: A가 B보다 빨리 졸업했다.
- 질문: 누가 누구보다 할 줄 아는 외국어가 많은가?
  대답: A가 B보다 할 줄 아는 외국어가 더 많다.
- 질문: 누가 중국에 간 횟수가 더 많은가?
  대답: B가 A보다 중국에 간 횟수가 더 많다.
- 질문: 누가 늦게 자고 일찍 일어나는가?
  대답: A가 B보다 늦게 자고 일찍 일어난다.
- 질문: 누가 교실에 더 일찍 도착하는가?
  대답: A가 매일 B보다 10분 일찍 도착한다.
- 질문: 수업 시간 이외에 누가 공부 시간이 더 긴가?
  대답: A는 매일 B보다 2시간 더 공부한다.
- 질문: 누가 축구를 더 잘하는가?
  대답: A가 B보다 축구를 더 잘한다.
- 질문: 누가 할 줄 아는 중국 노래가 더 많은가?
  대답: B가 할 줄 아는 중국 노래가 A보다 많다.
- 질문: 자전거는 누가 더 잘 타는가?
  대답: B가 A보다 자전거를 더 잘 탄다.

2

① 我前年去过了。这次我不想再去了。
  → 因为我前年去过了，所以这次不想再去了。

② 我去过。别的同学也去过。
  → 不但我去过了，而且别的同学也去过了。

③ 这件衣服的颜色不好看。这件衣服很贵。
  → 这件衣服不但颜色不好看，而且很贵。

④ 我明天不能来。我给你打电话。
  → 要是我明天不能来，就给你打电话。

---

① 나는 재작년에 갔었다. 이번에는 다시 가고 싶지 않다.
  → 나는 재작년에 갔었기 때문에 이번에는 다시 가고 싶지 않다.

② 나는 가 봤다. 다른 학생들도 가 봤다.
  → 나만 가 봤을 뿐 아니라 다른 학생들도 가 봤다.

③ 이 옷의 색깔은 예쁘지 않다. 이 옷은 비싸다.
  → 이 옷은 색깔이 안 예쁠 뿐 아니라 가격도 비싸다.

④ 나는 내일 못 와. 너에게 전화할게.
  → 만약 내가 내일 못 오면 너에게 전화할게.

⑤ 天太热。我睡不着觉。
　→ 因为天太热，所以我睡不着觉。

⑥ 我不喜欢。我不去。
　→ 因为我不喜欢，所以不去。

⑤ 날이 너무 덥다. 나는 잠을 잘 수 없다.
　→ 날이 너무 더워서 나는 잠을 잘 수 없다.

⑥ 나는 좋아하지 않는다. 나는 가지 않는다.
　→ 나는 좋아하지 않기 때문에 가지 않는다.

3

① 因为天气很热，所以想喝杯冰咖啡。
② 因为天气很热，所以买了空调。
③ 因为天气很热，所以不想出门。
④ 因为太远，所以他不想跟我们一起去。
⑤ 因为周末太堵车，所以他不想跟我们一起去。
⑥ 因为有别的事，所以他不想跟我们一起去。

① 날씨가 너무 더워서 아이스 커피를 마시고 싶다.
② 날씨가 너무 더워서 에어컨을 샀다.
③ 날씨가 너무 더워서 외출하고 싶지 않다.
④ 너무 멀어서 그는 우리와 함께 가고 싶어 하지 않는다.
⑤ 주말에는 차가 너무 막혀서 그는 우리와 함께 가고 싶어 하지 않는다.
⑥ 다른 일이 있어서 그는 우리와 함께 가고 싶어 하지 않는다.

4

① 你要是看到他的话，就通知他开会。
② 要是明天不热，就去看棒球比赛。
③ 昨天你要是在这儿的话，就可以一起讨论了。
④ 要是明天天气好的话，咱们就去游泳。
⑤ 要是有时间的话，他一定会帮你的。
⑥ 要是买到早上的火车票，那咱们现在已经到上海了。

① 만약 그를 보게 되면 회의가 있다고 알려 주세요.
② 만약 내일 덥지 않으면 야구 경기를 보러 가요.
③ 어제 당신이 여기에 있었으면 함께 토론할 수 있었을 텐데요.
④ 만약 내일 날씨가 좋으면 우리 수영하러 가요.
⑤ 만약 시간이 있다면 그는 반드시 당신을 도와줄 거예요.
⑥ 만약 아침 기차표를 샀다면 우리는 지금쯤 벌써 상하이에 도착했을 거예요.

5

◆ A 你觉得他怎么样？
　B 他来我们班好几天了，也没做自我介绍，再说也没跟别人说过话，我们都不了解他。

◆ A 你觉得老董买的那件衣服怎么样？
　B 料子一般，再说也太大了。

◆ A 네가 보기에 그는 어때?
　B 그는 우리 반에 온 지 며칠 됐는데 자기소개도 안 했어. 게다가 다른 사람과 말도 안 해서 우리는 그에 대해 잘 몰라.

◆ A 라오둥이 산 그 옷 어때?
　B 옷감도 보통이고, 크기도 너무 커.

- A 你觉得那家饭馆儿怎么样?
  B 很不错，有空调，很干净，再说也不太贵。

- A 你觉得他为什么不想去?
  B 因为他已经去过好几次了，再说下周还有考试。

- A 你觉得学校附近的那家商场怎么样?
  B 我不喜欢，人太多了，再说东西也很贵。

- A 你觉得他成绩为什么那么好?
  B 这种课本本来就比较容易，再说几年前他已经学过。

- A 그 식당 어때?
  B 괜찮아. 에어컨도 있고 깨끗하고, 게다가 별로 비싸지도 않아.

- A 그가 왜 가기 싫어하는 것 같아?
  B 그는 이미 몇 번 가 봤고, 게다가 다음 주에 시험이 있어.

- A 학교 근처 그 상점 어때?
  B 나는 별로 안 좋아해. 사람도 너무 많은 데다가 물건도 비싸.

- A 그의 성적이 왜 그렇게 좋을까?
  B 이 교재는 원래 쉬운 편인 데다가 그는 몇 년 전에 이미 배웠어.

6

① 现在街上车多、人多，过马路的时候 D 千万 要注意。
② 爸爸妈妈明天要去开会，你一个人在家 D 千万 要小心。
③ 这些书他 A 差不多 都看过了，我只看过两本。
④ 他花了85块钱，我花了 D 差不多 100块钱。
⑤ 他晚上 B 不敢 一个人开车出去。
⑥ 现在天气很冷，C 容易 感冒。

① 요즘 길에는 차도 많고 사람도 많아서 길을 건널 때는 절대 주의해야 한다.
② 아빠 엄마는 내일 회의에 가야 하니까, 너 혼자 집에 있을 때는 절대 조심해야 한다.
③ 이 책들을 그는 거의 다 봤고, 나는 두 권만 봤다.
④ 그는 85위안을 썼고, 나는 거의 100위안을 썼다.
⑤ 그는 밤에 혼자 차를 몰고 나가지 못한다.
⑥ 요즘은 날씨가 추워서 감기에 걸리기 쉽다.

7

① 老师 建议 我们先去故宫，然后再去北海公园。
② 这么晚了，没有公共汽车了，你得 打车 回去。
③ 大家要是有好 主意，请告诉我们。
④ 最近我家附近刚刚 通车 的地铁线路就能到姐姐的学校。

① 선생님은 우리에게 먼저 고궁을 가고 난 후에 베이하이 공원에 가라고 제안하셨다.
② 시간이 늦어서 버스가 없네요. 택시 타고 가셔야겠어요.
③ 여러분 좋은 아이디어가 있으면 우리에게 말씀해 주세요.
④ 최근 우리 집 근처에 막 개통한 지하철 노선이 언니네 학교까지 연결됐다.

⑤ 周末的时候，我一般9:00起床，因为没有课。
⑥ 我没有邀请他，他怎么也来了？
⑦ 现在的技术进步了，做的东西又好看又好用。
⑧ 张教授请我们去他家做客，我们打算星期日下午去。

⑤ 주말에 나는 보통 9시에 일어나는데, 수업이 없기 때문이다.
⑥ 나는 그를 초대하지 않았는데, 그가 왜 왔지？
⑦ 요즘 기술이 발전해서 만드는 물건들이 예쁘기도 하고 쓰기에도 편하다.
⑧ 장 교수님이 우리를 집에 초대해서 우리는 일요일 오후에 갈 계획이다.

자유롭게 말하기

1
A 下午你有什么打算？
B 看电影。现在有部新电影，据说很好看。想一起去吗？
A 好啊！在哪儿？离这儿远吗？怎么去？
B 你别这么着急。电影院离这儿不太远，就是倒车不方便。
A 要是这样，那骑自行车去吧。
B 我也这样想，不过我骑车的技术不高。
A 没关系，咱们慢慢骑。

A 오후에 뭐 할 거야？
B 영화 볼 거야. 요즘 새로운 영화가 있는데, 재미있대. 같이 갈래？
A 좋아! 어디야？ 여기에서 멀어？ 어떻게 갈 건데？
B 서두르지 마. 영화관이 여기에서 별로 멀지는 않은데 차를 갈아타기가 불편해.
A 그럼 자전거 타고 가자.
B 나도 그렇게 생각했어. 그런데 나 자전거를 잘 못 타는데.
A 괜찮아. 우리 천천히 가자.

2
A 这个周末咱们去天坛吧，怎么样？
B 好是好，可是怎么去呢？
A 要是坐公共汽车，得倒两次车，再说还很挤。
B 那骑车去呢？
A 要是骑车去，就不用倒车了，但是天太热，会很累。
B 那打车去吧。
A 好吧，那我们就一起打车过去。

A 이번 주말에 우리 톈탄 공원에 가자. 어때？
B 좋긴 한데, 어떻게 가지？
A 만약 버스를 타면 두 번 갈아타야 하고, 게다가 아주 붐빌 거야.
B 그럼 자전거를 타고 가는 건？
A 자전거를 타고 가면 갈아탈 필요는 없지만 날이 더워서 힘들 거야.
B 그럼 택시 타고 가자.
A 좋아. 그럼 우리 함께 택시를 타고 가자.

06
● 내공 쌓기

1

① 你别急，丢了也没关系。
　→ 你急什么呀，丢了也没关系。
② 这么近，不用坐车，走着就行了。
　→ 这么近，坐什么车，走着就行了。
③ 车上没那么多人，你别挤。
　→ 车上没那么多人，你挤什么。
④ 不年轻了，我已经五十了。
　→ 年轻什么，我已经五十了。
⑤ 我们是老朋友，不用谢。
　→ 我们是老朋友，谢什么。

① 조급해하지 말아요. 잃어버려도 상관없어요.
　→ 뭘 조급해해요. 잃어버려도 상관없어요.
② 이렇게 가까우니 차를 탈 필요 없어요. 걸어가도 돼요.
　→ 이렇게 가까운데 무슨 차를 타요. 걸어가도 돼요.
③ 차에 사람이 그리 많지도 않으니, 밀치지 마세요.
　→ 차에 사람이 그리 많지도 않은데 뭘 밀쳐요.
④ 젊지 않아요. 나는 벌써 쉰이에요.
　→ 젊기는 무슨. 나는 벌써 쉰이에요.
⑤ 우리는 오랜 친구이니 감사할 필요 없어.
　→ 우리는 오랜 친구인데 감사는 무슨.

2

① 我一回家妈妈就给我包饺子吃，其实我已经吃腻了。
② 望月说她的字写得不好看，其实她写得很漂亮。
③ 雨停了，外面显得更干净了。
④ 老年人穿这种颜色的衣服显得特别年轻。
⑤ 王老师的儿子一见到我就喊"阿姨好"，显得非常有礼貌。
⑥ 你怎么才知道呀？我们早就知道了。
⑦ 爸爸早就回来了，饭菜还没有准备好。
⑧ 按照中国人的习惯，春节应该吃饺子。
⑨ 如果你按照医生说的按时吃药，你的病一定能好。

① 내가 집에 돌아오자 엄마는 나에게 만두(쟈오즈)를 빚어 주셨는데, 사실 나는 이미 질렸다.
② 모치즈키는 그녀의 글씨가 예쁘지 않다고 하지만, 사실 그녀는 글씨를 예쁘게 쓴다.
③ 비가 그쳐서 밖은 더 깨끗해졌다.
④ 노인 분이 이런 색 옷을 입으면 매우 젊어 보여요.
⑤ 왕 선생님의 아들은 나만 보면 '이모 안녕하세요'라고 소리치는데, 매우 예의 있어 보인다.
⑥ 어째서 이제야 알았어요? 우리는 진작 알고 있었는데.
⑦ 아빠는 진작 돌아오셨는데, 식사는 아직 준비가 덜 됐다.
⑧ 중국인들의 관습에 따르면, 춘제에는 반드시 만두(쟈오즈)를 먹어야 한다.
⑨ 만약 의사가 말한 대로 제때 약을 먹는다면, 당신의 병은 반드시 좋아질 거예요.

⑩ 按照学校规定，学生不能在宿舍里喝酒。

⑪ 快要放假了，该计划一下假期生活了。

⑫ 我的矿泉水喝完了，该买新的了。

⑬ 弟弟，昨天是我打扫的房间，今天该你打扫了。

⑩ 학교 규정에 따르면, 학생은 기숙사 안에서 술을 마실 수 없다.

⑪ 곧 방학이니, 방학을 어떻게 보낼지 계획을 세워야 한다.

⑫ 내 물은 다 마셨으니 새것을 사야 한다.

⑬ 동생아, 어제는 내가 방을 치웠으니 오늘은 네가 치울 차례야.

3

❶ 下面　　　　香山
→ 如果你还在山下面，那么买点水来香山上找我们。

❶ 만약 당신이 아직 산 밑에 있다면, 물을 좀 사들고 상산에 와서 우리를 찾아 주세요.

❷ 有好主意　　　告诉大家
→ 如果你有好主意，那么就告诉大家吧。

❷ 만약 좋은 아이디어가 있다면, 모두에게 말해 주세요.

❸ 想好了去哪儿　　去办公室报名
→ 如果你想好了去哪儿，那么就赶快去办公室报名。

❸ 만약 어디로 갈지 결정했다면, 얼른 사무실에 가서 등록하세요.

❹ 来不了　　　　打电话
→ 如果明天你来不了的话，就给我打电话。

❹ 만약 내일 오지 못한다면, 나에게 전화해 주세요.

❺ 这些建议都不好　　咱们再讨论讨论
→ 如果你觉得这些建议都不好，那么咱们再讨论讨论。

❺ 만약 이 제안들이 모두 마음에 들지 않으면, 우리 다시 토론해 봅시다.

❻ 不复习　　　　记不住
→ 如果放学回家不复习，那么就记不住。

❻ 만약 수업 마치고 집에 돌아가서 복습을 하지 않으면, 기억할 수 없다.

4

❶ 在北京的时候，大家都品尝过很多中国的小吃。

❷ 先吃吧，要是不够，再添。

❸ 麻烦你帮我拿一下，好吗？

❹ 这里的情况我们还不太了解，你先介绍一下。

❶ 베이징에 있을 때, 모두들 많은 중국 먹거리를 맛보았다.

❷ 우선 먹고 모자라면 더 먹어요.

❸ 죄송하지만 좀 들어 주시겠어요?

❹ 이곳의 상황을 우리는 잘 알지 못하니, 먼저 소개해 주세요.

⑤ 如果你有空儿，再来我家玩儿吧。
⑥ 做这件事最合适的人是小王，不是小陈。
⑦ 选择男朋友，不能太随便了。
⑧ 按照中国的传统习惯，年纪最大的人坐那儿。
⑨ 今天我收到了爸爸给我的生日礼物。
⑩ 那个孩子又聪明又有礼貌。

⑤ 시간 있으면 우리 집에 또 놀러 와요.
⑥ 이 일을 할 가장 적합한 사람은 샤오왕이지, 샤오천이 아니다.
⑦ 남자친구를 선택할 때 너무 함부로 해서는 안 된다.
⑧ 중국의 전통적인 관습에 따르면, 나이가 가장 많은 사람이 저기에 앉는다.
⑨ 오늘 나는 아빠가 주신 내 생일 선물을 받았다.
⑩ 그 아이는 똑똑하고 예의도 바르다.

5　　如果去朋友家做客带什么礼物合适呢？其实不用那么麻烦，按照韩国的传统习惯，买一些吃的东西就可以了。不但显得有礼貌，而且很实用。但千万不要买太贵的东西，差不多就可以了。

　　만약 친구 집에 초대된다면 어떤 선물을 가져가는 것이 적당할까? 사실 그렇게 번거로워할 필요는 없다. 한국의 전통적인 관습에 따르면 먹을 것을 조금 사면 된다. 예의 있어 보일 뿐 아니라 실용적이기 때문이다. 하지만 너무 비싼 것은 사면 안 되고, 적당한 것이면 된다.

자유롭게 말하기

1
A 欢迎欢迎!
B 好久不见!
A 快请进，随便坐!
B 对了，给你准备了一个小礼物。
A 老朋友啦，客气什么!
B 不知道带什么合适，只是一点心意。
A 你能来我已经很高兴了。
(三个小时后)
B 时间不早了，我该走了。
A 急什么，吃了晚饭后再走吧。
B 下次吧。
A 好吧。欢迎再来!
B 再见!

A 어서 와!
B 오랜만이다!
A 얼른 들어와. 편하게 앉아!
B 맞다. 너 주려고 작은 선물을 준비했어.
A 친구 사이에 예의는 무슨!
B 뭐가 좋을지 몰라서, 그냥 작은 성의야.
A 네가 온 것만으로 나는 이미 기뻐.
(세 시간 후)
B 시간이 늦었네. 가 봐야겠다.
A 뭘 그리 서둘러. 저녁 먹고 가.
B 다음에.
A 알겠어. 또 놀러 와!
B 다음에 보자!

07

내공 쌓기

1
- 除了A以外其他人都坐着。
- 除了C以外其他人都是男人。
- 除了B和D以外其他人都不戴眼镜。
- 除了E以外其他人都不戴帽子。

- A를 제외하고 다른 사람들은 모두 앉아있다.
- C를 제외하고 다른 사람들은 모두 남자이다.
- B와 D를 제외하고 다른 사람들은 모두 안경을 쓰지 않았다.
- E를 제외하고 다른 사람들은 모두 모자를 쓰지 않았다.

2

① A 我星期六去长城, 你呢?
   B 你去哪儿, 我就去哪儿。

② A 今晚去哪儿吃?
   B 哪儿好吃, 就去哪儿吃。

③ A 你买哪种?
   B 哪种实用, 我就买哪种。

④ A 学校的运动会, 你参加吗?
   B 什么活动有意思, 我就参加什么。

⑤ A 你打算怎么做?
   B 老师让怎么做, 我就怎么做。

⑥ A 你喝点儿什么?
   B 什么好喝, 我就喝什么。

① A 나 토요일에 만리장성에 갈 건데, 너는?
   B 네가 가는 곳이면 나도 갈래.

② A 오늘 저녁에 어디 가서 먹을까?
   B 맛있는 곳이 있으면 거기 가서 먹자.

③ A 너는 어떤 것을 사?
   B 실용적인 것이 있으면 나는 그걸 사.

④ A 학교 운동회에 참가할 거야?
   B 재미있는 활동이 있으면 참가할 거야.

⑤ A 어떻게 할 거야?
   B 선생님이 시키는 대로 할 거야.

⑥ A 어떤 것을 마실래?
   B 맛있는 것이 있으면 그걸 마실래.

3

① 如果想学好汉语, 就要注意学习方法。

② A 你听清楚了吗?
   B 我听清楚了, 可是我没听懂。

③ 这个练习不难, 我们都做完了。

④ 这本书不是老师说的那种, 你买错了。

① 중국어를 잘 배우고 싶다면, 공부 방법에 주의해야 한다.

② A 잘 들었니?
   B 잘 들었는데, 이해하지 못했어.

③ 이 연습은 어렵지 않아서 우리는 모두 끝마쳤다.

④ 이 책은 선생님이 말씀하신 그 책이 아니야. 너 잘못 샀어.

⑤ 我的自行车还没修好呢。　　　　⑤ 내 자전거는 아직 다 고쳐지지 않았다.

⑥ 昨天我学了一首新歌，不过我还没学会。　　⑥ 어제 나는 새로운 노래를 하나 배웠지만, 아직 할 줄은 모른다.

⑦ 他做完作业，就打开电视，看了一会儿电视。　　⑦ 그는 숙제를 마치고 텔레비전을 틀었고, 잠깐 텔레비전을 봤다.

⑧ 昨天我收到爸爸妈妈写给我的信了。　　⑧ 어제 나는 아빠, 엄마가 내게 써 주신 편지를 받았다.

4

① 骑自行车既能锻炼身体，又能省钱。
→ 骑自行车除了能锻炼身体以外，还能省钱。

① 자전거를 타면 신체를 단련할 수 있고, 돈도 아낄 수 있다.
→ 자전거를 타면 신체를 단련할 수 있는 것 이외에 돈도 아낄 수 있다.

② 王刚去过日本，也去过欧洲。
→ 王刚除了去过日本以外，还去过欧洲。

② 왕강은 일본에 가 봤고, 유럽도 가 봤다.
→ 왕강은 일본 이외에 유럽도 가 봤다.

③ 来北京可以游览名胜古迹，还可以吃北京小吃。
→ 来北京除了可以游览名胜古迹以外，还可以吃北京小吃。

③ 베이징에 오면 명승고적을 둘러볼 수 있고, 간식거리도 먹을 수 있다.
→ 베이징에 오면 명승고적을 둘러볼 수 있는 것 이외에 간식거리도 먹을 수 있다.

④ 我们班玛丽去大同，别人都去洛阳。
→ 除了玛丽以外，我们班其他人都去洛阳。

④ 우리 반 마리는 다퉁에 갔고, 다른 사람들은 모두 뤄양에 갔다.
→ 마리를 제외하고 우리 반 다른 사람들은 모두 뤄양에 갔다.

⑤ 刘艳学过英语，没学过别的外语。
→ 刘艳除了英语以外，没学过别的外语。

⑤ 리우옌은 영어를 배웠었고, 다른 외국어는 배운 적이 없다.
→ 리우옌은 영어를 제외하고 다른 외국어는 배운 적이 없다.

⑥ 望月这几天在宿舍学习，哪儿也不去。
→ 望月这几天除了在宿舍学习以外，哪儿都没去。

⑥ 모치즈키는 요 며칠 기숙사에서 공부를 했고, 아무 데도 가지 않았다.
→ 모치즈키는 요 며칠 기숙사에서 공부하는 것 이외에 아무 데도 가지 않았다.

5

① 这条路线坐火车比坐飞机方便。
② 现在很多人喜欢去草原骑马、吃烤肉。
③ 这次来北京，我们游览了很多地方。
④ 我昨天才看到了学院发的旅行计划，你报名了吗?
⑤ 这件事别着急做决定，再找几个人商量一下。
⑥ 日本和美国的代表讨论了两国的合作问题。
⑦ 这次旅行组织得很好，同学们都很满意。
⑧ 没想到他对电影一点儿兴趣也没有。
⑨ 他写了一份内容具体的工作计划。
⑩ 以前这个地方的自然环境不太好，现在可大不一样了。

① 이 여정은 기차를 타는 것이 비행기를 타는 것보다 편하다.
② 요즘 많은 사람들이 초원에 가서 말을 타고 바비큐 먹는 것을 좋아한다.
③ 이번에 베이징에 와서 우리는 많은 곳들을 둘러봤다.
④ 나 어제서야 학교에서 보낸 여행 계획서를 봤어. 너는 신청했니?
⑤ 이 일은 급하게 결정하지 말고, 몇 사람과 다시 상의해 보자.
⑥ 일본과 미국의 대표는 양국의 협력 문제를 토론했다.
⑦ 이번 여행은 잘 계획되어서 학우들이 모두 만족했다.
⑧ 그가 영화에 대해 조금도 흥미가 없을 줄은 몰랐다.
⑨ 그는 내용이 구체적인 업무 계획을 작성했다.
⑩ 예전에 이곳의 자연환경은 별로 좋지 않았는데, 지금은 많이 달라졌다.

자유롭게 말하기

1

A 你打算在哪儿请客?
B 我还没决定。你觉得哪儿好?
A 如果想吃辣的，就去学校门口的四川饭馆儿。
B 我对辣的不太感兴趣，想吃清淡的。
A 如果贵点儿也没关系的话，那就去西单的日本饭馆儿吧。
B 学校附近不是也有几家日本饭馆儿吗?
A 有是有，但是不太好吃，而且也不便宜。
B 你说的也对，我再想想。
A 今天你除了我们几个，还请谁了?
B 除了望月，差不多都请了。

A 어디에서 한턱낼 계획이야?
B 아직 결정 못했어. 어디가 좋을까?
A 매운 걸 먹고 싶으면 학교 입구에 있는 쓰촨 식당에 가자.
B 나는 매운 것에는 그다지 흥미가 없고, 담백한 것을 먹고 싶어.
A 비싸도 상관없다면 시단에 있는 일본 식당에 가자.
B 학교 근처에도 일본 식당이 몇 개 있지 않아?
A 있긴 하지. 그런데 별로 맛도 없고 싸지도 않아.
B 네 말이 맞다. 다시 생각해 볼게.
A 오늘 우리 몇 명 말고 또 누구를 초대했어?
B 모치즈키만 빼고 거의 다 초대했어.

08

내공 쌓기

1

① 鸡蛋(jīdàn, 달걀)里的小鸡孵(fū, 부화하다)出来，长大了变成母鸡(mǔjī, 암탉)的话，母鸡就会下很多蛋。

② 母鸡下了很多蛋的话，鸡蛋就会再孵出小鸡。

③ 小鸡都长大了的话，就可以把那些鸡换成羊。

④ 等羊换得多了的话，就再把那些羊换成牛。

⑤ 可是鸡蛋碎了的话，所有希望就全都会化成泡影(pàoyǐng, 물거품)。

① 달걀 안의 병아리가 부화하고 자라서 암탉이 된다면, 암탉이 달걀을 많이 낳을 것이다.

② 암탉이 달걀을 많이 낳으면, 달걀이 다시 병아리를 부화할 것이다.

③ 병아리가 모두 자라면, 그 닭들을 양으로 바꿀 수 있을 것이다.

④ 양으로 많이 바꾸게 되면, 다시 그 양을 소로 바꿀 수 있을 것이다.

⑤ 하지만 달걀이 깨진다면, 모든 희망이 물거품이 될 것이다.

2

① A 你们这儿是不是经常下雨?
B 对，<u>特别是夏天</u>。

② A 我发现望月他们班的同学都特别喜欢打球。
B 是的，<u>特别是李钟文</u>，各种球都会打。

③ A 这个饭馆儿的菜味道太重了。
B 嗯，<u>特别是辣子鸡丁</u>，又咸又辣。

④ A 你是用什么办法减肥的?
B 每天多吃蔬菜，少吃主食，<u>特别是米饭</u>。

① A 여기는 자주 비가 오지 않나요?
B 맞아요. 특히 여름에요.

② A 모치즈키네 반 친구들은 모두 공 차는 것을 좋아하는 것 같더라.
B 맞아. 특히 이종문은 모든 공을 잘 다뤄.

③ A 이 식당의 음식 맛은 너무 강해.
B 응. 특히 라즈지딩(닭고기 고추볶음)은 짜고 매워.

④ A 어떤 방법으로 다이어트를 했나요?
B 매일 야채를 많이 먹고 주식은 적게 먹었어요. 특히 쌀밥이요.

3

① 我们学校的生活很方便，<u>拿学校内的设施来说，什么都有</u>。

② 飞龙觉得汉语很难，<u>拿声调来说，到现在也读不好</u>。

③ 开车的时候一定要小心，<u>稍微不注意就容易出事故</u>。

① 우리 학교의 생활은 매우 편리한데, 학교 내의 시설로 말하자면 모든 것이 다 있다.

② 펄롱은 중국어가 어렵다고 느끼는데, 성조로 말하자면 지금까지도 잘 읽지 못한다.

③ 운전할 때는 반드시 조심해야 한다. 조금 부주의하면 사고가 나기 쉽다.

④ 这篇作文写得不错，只是有些小问题，稍微修改一下就行了。
⑤ 那家超市里的东西便宜多了。
⑥ 李钟文早上一起床就急着去见朋友了。
⑦ 头疼得厉害的话，最好去医院看看。
⑧ 你一边走一边看手机，千万要小心。

④ 이 작문은 매우 잘 썼는데, 다만 약간의 문제가 있어서 조금만 수정하면 될 것 같다.
⑤ 그 슈퍼마켓의 물건은 매우 싸다.
⑥ 이종문은 아침에 일어나자마자 급히 친구를 만나러 갔다.
⑦ 두통이 심하다면 병원에 가서 진찰 받는 것이 가장 좋다.
⑧ 너는 걸으면서 핸드폰을 보는데, 절대 조심해야 한다.

4
① 哎呀，没有盐了，老王，你跑一趟，买一包盐来。
② 我只见过安娜一次。
③ 请你解释一下这个词的意思。
④ 那儿交通不方便，回去一趟挺不容易的。
⑤ 好，我买了，麻烦您给包一下吧。

① 어이쿠! 소금이 없네. 라오왕, 가서 소금 한 봉지만 사 와.
② 나는 안나를 한 번 밖에 못 만났다.
③ 이 단어의 뜻을 좀 해석해 주세요.
④ 그곳은 교통이 불편해서 돌아가기가 매우 어렵다.
⑤ 좋아요. 살게요. 포장해 주세요.

5
① 本店今天开业，欢迎朋友们光临。
② 老董从来不抽高档烟。
③ 这几年北京的旅游业发展得很快。
④ 今天点菜点得太多了，大家尽量多吃呀，吃不完就浪费了。
⑤ 有1000个毕业生报名参加这次考试，竞争得很厉害。
⑥ 师傅，您看看我的手表出什么毛病了，怎么不走了?
⑦ 大家游览的时候，既要看景色，也要注意脚下的路。
⑧ 我长胖了一些，以前的衣服穿起来都稍微小了点。

① 본점은 오늘 개업했습니다. 여러분 어서 오세요.
② 라오둥은 여태껏 고급 담배를 피워 보지 않았다.
③ 몇 년 사이에 베이징의 관광업은 빠르게 발전했다.
④ 오늘 음식을 많이 시켰으니, 모두들 마음껏 많이 드세요. 다 먹지 못하면 낭비니까요.
⑤ 1000명의 졸업생이 이번 시험에 응시해서 경쟁이 매우 치열하다.
⑥ 사장님, 제 손목시계에 무슨 문제가 생겼는지 봐 주세요. 어째서 가지 않을까요?
⑦ 여러분 구경할 때 경치도 봐야 하지만, 발 아래도 주의하세요.
⑧ 나는 살이 조금 쪄서, 예전 옷을 입으려니 조금 작아졌다.

자유롭게 말하기

1

A 师傅，您看看<u>这洗衣机</u>。	A 사장님, 이 세탁기 좀 봐 주세요.
B 这洗衣机怎么了?	B 세탁기가 어떤데요?
A <u>早上还好好儿的，下午用就不转了</u>。	A 오전까지만 해도 괜찮았는데, 오후에 쓰려니 돌아가질 않네요.
B 放这儿吧。	B 여기에 두세요.
A 要多少钱?	A 얼마죠?
B 我看了以后<u>再告诉你</u>。	B 보고 다시 알려 드릴게요.
A <u>得多长时间能修好</u>?	A 수리하는 데 얼마나 걸릴까요?
B 一个星期吧。	B 일주일이요.
A 能不能快点儿? <u>我急用</u>。	A 빨리는 안 될까요? 급히 써야 해서요.
B 你想快点儿的话，<u>得加钱</u>。	B 빨리 하려면 추가 요금을 내셔야 해요.
A 行，可是别太贵了。	A 알겠어요. 대신 너무 비싸면 안돼요.
B 要是比买新的还贵的话，<u>还是买个新的吧</u>。	B 만약 새것을 사는 것보다 비싸다면, 새것을 사는 게 낫죠.

09

내공 쌓기

1

① 学外语应该学了就用，<u>要不很快就忘了</u>。	① 외국어를 배울 때는 배우고 바로 써야 한다. 그렇지 않으면 금방 잊어버린다.
② 上课别迟到，<u>要不老师会不高兴的</u>。	② 수업에 지각하면 안 된다. 그렇지 않으면 선생님이 언짢으실 것이다.
③ 学习汉语一定要学好发音，<u>要不跟别人沟通(gōutōng, 소통하다)起来很困难</u>。	③ 중국어를 배울 때는 반드시 발음을 잘 배워야 한다. 그렇지 않으면 다른 사람과 소통할 때 어려움이 있다.
④ 有不明白的地方一定要问，<u>要不会越学越难</u>。	④ 이해가 안 되는 것은 반드시 물어봐야 한다. 그렇지 않으면 배울수록 어려워질 것이다.
⑤ 晚上早点睡，<u>要不第二天起不来</u>。	⑤ 저녁에 일찍 자야 한다. 그렇지 않으면 다음 날 일어나지 못한다.

2

① 李钟文唱歌唱得很好，飞龙唱歌唱得一般。
→ 飞龙不如李钟文唱歌唱得好。

② 这种西瓜甜，那种不太甜。
→ 那种西瓜不如这种甜。

③ 爱珍是班里说汉语最流利的学生。
→ 班里其他同学都不如爱珍说汉语说得流利。

④ 今天没课，在宿舍睡觉不如出去玩儿好。

⑤ 以前中国人认为女孩儿不如男孩儿好，所以很多地方的人都喜欢生男孩儿。

⑥ 我觉得北海公园的风景不如颐和园漂亮。

① 이종문은 노래를 매우 잘 부르고, 펄롱의 노래는 보통이다.
→ 펄롱은 이종문만큼 노래를 잘 부르지 못한다.

② 이 수박은 달고, 저 수박은 그다지 달지 않다.
→ 저 수박은 이 수박만큼 달지 않다.

③ 아이쩐은 반에서 중국어를 가장 유창하게 하는 학생이다.
→ 반의 다른 학생들은 모두 아이쩐만큼 중국어를 유창하게 말하지 못한다.

④ 오늘은 수업이 없어서 기숙사에서 잠을 자는 것이 나가서 노는 것만큼 좋지 않다.

⑤ 예전 중국인들은 여자아이가 남자아이만 못하다고 생각했다. 그래서 많은 지방 사람들이 남자아이 낳는 것을 좋아했다.

⑥ 나는 베이하이 공원의 풍경이 이허위안만큼 예쁘지 않다고 생각한다.

3

① 他被那儿美丽的景色迷住了。
② 现在很多孩子都迷上了网络游戏。
③ 他说得一点儿也没错。
④ 他很小的时候就开始学英语了。
⑤ 他们说话的时候，爱珍正好听见了。
⑥ 昨天上课飞龙被老师批评了。
⑦ 香山太远了，要不咱们去圆明园吧。
⑧ 明天的考试很容易，大家不用准备很长时间。

① 그는 그곳의 아름다운 경치에 미혹됐다.
② 요즘 많은 아이들이 인터넷 게임에 빠져있다.
③ 그의 말은 조금도 틀리지 않았다.
④ 그는 아주 어렸을 때부터 영어 공부를 시작했다.
⑤ 그들이 이야기를 할 때 아이쩐이 마침 들었다.
⑥ 어제 수업 시간에 펄롱은 선생님께 꾸중을 들었다.
⑦ 샹산은 너무 멀어. 아니면 우리 위안밍위안에 가자.
⑧ 내일 시험은 매우 쉬우니, 모두들 오래 준비할 필요 없어요.

4

A 放假你打算去哪儿?
B 我想去洛阳。
A 为什么?
B 去洛阳可以游览龙门石窟，也可以去少林寺看看。
A 洛阳太远了，要不去山西吧。洛阳不如山西离北京近。
B 你说呢?
C 你们的决定我都可以。

A 방학에 너 어디로 갈 계획이야?
B 나는 뤄양에 가고 싶어.
A 왜?
B 뤄양에 가면 룽먼석굴을 볼 수 있고, 샤오린스에도 가 볼 수 있으니까.
A 뤄양은 너무 머니까 아니면 산시로 가자. 뤄양은 산시만큼 베이징에서 가깝지 않잖아.
B 너는?
C 너희 결정이면 나는 다 좋아.

5

① A 你知道哪儿可以游泳吗?
　 B 不知道，听说飞龙知道。

② A 听一个朋友说，学校小剧场今晚上映新的影片。
　 B 是吗? 要不，咱们今天晚上去看看。

③ A 要不，我下午再来一趟吧。
　 B 不用来，你可以给我打电话。

④ A 这个练习要做吗?
　 B 当然得做，这个问题都不用问。

⑤ A 大同的云冈石窟怎么样?
　 B 我不太清楚，正好望月知道，你可以问她。

⑥ A 老师刚才说什么?
　 B 正好我也不知道，我们一起问一下老师吧。

① A 너 어디에서 수영을 할 수 있는지 아니?
　 B 몰라. 듣자니 펄롱이 안다더라.

② A 한 친구가 말하길, 학교 소극장에서 오늘 저녁에 새로운 영화를 상영한다고 하더라.
　 B 그래? 아니면 우리 오늘 저녁에 보러 가자.

③ A 아니면 내가 오후에 다시 한 번 올게요.
　 B 올 필요 없어요. 저에게 전화하시면 돼요.

④ A 이 연습문제 꼭 해야 하나요?
　 B 당연히 해야지. 이 문제는 물을 필요도 없어.

⑤ A 다퉁의 윈강석굴은 어때?
　 B 나는 잘 몰라. 마침 모치즈키가 안다고 하니 그녀에게 물어봐.

⑥ A 선생님이 방금 뭐라고 하셨어?
　 B 마침 나도 잘 모르겠으니, 우리 같이 선생님께 여쭤보자.

6

① 这里的鞋子品种非常多。
② 只要有时间，她就喜欢逛商店。
③ 你不是想了解那里的情况吗? 小王正好是从那里来的。

① 이곳의 신발은 종류가 매우 다양하다.
② 시간만 있으면 그녀는 상점 둘러보는 것을 좋아한다.
③ 너 그곳의 상황을 알고 싶지 않니? 샤오왕이 마침 거기에서 왔어.

④ 她从来不网购，因为她觉得网店的东西质量不好。

⑤ 姐姐觉得逛批发市场是一种乐趣。

⑥ 爸爸妈妈都很忙，没有时间陪孩子玩儿。

⑦ 那个人骗了我200块钱。

⑧ 好货不便宜，便宜没好货。

④ 그녀는 여태껏 인터넷 쇼핑을 하지 않았다. 왜냐하면 그녀는 인터넷 쇼핑몰의 물건은 품질이 좋지 않다고 생각하기 때문이다.

⑤ 언니는 도매시장 쇼핑을 일종의 기쁨으로 느낀다.

⑥ 아빠 엄마는 모두 바빠서 아이와 놀아 줄 시간이 없다.

⑦ 그 사람은 나에게 200위안을 사기 쳤다.

⑧ 좋은 물건은 싸지 않고, 싼 것은 좋지 않다.(싼게 비지떡)

자유롭게 말하기

1
　　我一般去百货商店买牙膏、香皂等日用品，因为那儿日常用品种类比较全。
　　去中高档大商场买电器、毛衣、外衣和鞋，因为价格贵是贵了点，但是质量很好，服务也很周到。
　　去连锁店、超市买食品和文具，因为价钱合理，质量也不错。
　　去批发市场买蔬菜、水果，因为可以讲价钱，而且很新鲜。

　　나는 보통 백화점에 가서 치약, 비누 등 생필품을 사는데, 거기에 생필품 종류가 완비되어 있기 때문이다.
　　중고급 대형상점에 가서는 가전제품, 스웨터, 외투, 신발을 사는데, 가격이 비싸긴 하지만 품질이 좋고, 서비스도 세심하기 때문이다.
　　체인점이나 슈퍼마켓에 가서는 식품과 문구를 사는데, 가격이 합리적이고 품질도 좋기 때문이다.
　　도매시장에 가서는 채소, 과일을 사는데 가격을 흥정할 수 있고, 신선하기 때문이다.

10

내공 쌓기

1
① 连外国人都听不懂他的外语，我怎么能听懂。

② 连孩子都知道不能这么做，可是他却这么做了。

③ 怪不得教室里连一个学生都没有，今天放假！

① 외국인조차 그의 외국어를 못 알아듣는데, 내가 어떻게 알아듣겠는가.

② 아이조차 이렇게 할 수 없다는 것을 아는데, 그는 오히려 이렇게 했다.

③ 어쩐지 교실에 학생이 한 명도 없더라니, 오늘 방학이었구나!

④ 现在连女人都开始踢足球了。

⑤ 有些流行歌曲很好听，连老人也喜欢听。

⑥ 连医生的话他也不听，他的病怎么能好呢？

⑦ 连大人都搬不动那张大桌子，更不用说小孩儿了。

⑧ 连老师也不认识他的名字，因为汉语里没有这个字。

④ 요즘은 여자들도 축구를 하기 시작했다.

⑤ 일부 대중가요는 매우 듣기 좋아서 노인들도 좋아한다.

⑥ 그는 의사의 말도 듣지 않는데, 그의 병이 어떻게 좋아지겠는가?

⑦ 어른조차 그 큰 탁자를 옮길 수 없는데, 아이는 더욱 말할 필요도 없다.

⑧ 선생님조차 그의 이름을 알 수 없었는데, 왜냐하면 중국어에는 이 글자가 없기 때문이다.

2

① 既然你什么都不知道，那我就不问你了。

② 既然你什么都不知道，那我还是问老师吧。

③ 既然你什么都不知道，那我就问其他人吧。

④ 既然你没开车来，那咱们就喝点儿啤酒吧。

⑤ 既然你明天没有课，那咱们就喝点儿啤酒吧。

⑥ 既然你得了奖学金，那咱们就喝点儿啤酒吧。

① 네가 아무것도 모른다고 하니, 그럼 나는 너에게 묻지 않을게.

② 네가 아무것도 모른다고 하니, 그럼 나는 선생님께 물어볼게.

③ 네가 아무것도 모른다고 하니, 그럼 나는 다른 사람에게 물어볼게.

④ 네가 차를 몰고 오지 않았으니, 그럼 우리 맥주를 좀 마시자.

⑤ 너 내일 수업이 없으니, 그럼 우리 맥주를 좀 마시자.

⑥ 네가 장학금을 받았으니, 그럼 우리 맥주를 좀 마시자.

3

① 这儿的人都认识刘先生。
→ 这儿谁都认识刘先生。

② 爱珍刚来中国的时候，一句汉语也不会说。
→ 爱珍刚来中国的时候，什么汉语都不会说。

③ 我找了学校里每一个地方，可是找不到汤姆。
→ 我找了学校里每一个地方，可是哪儿都找不到汤姆。

① 이곳 사람들은 모두 리우 선생을 안다.
→ 여기서는 누구나 리우 선생을 안다.

② 아이쩐은 막 중국에 왔을 때, 중국어를 한마디도 하지 못했다.
→ 아이쩐은 막 중국에 왔을 때, 어떤 중국어도 말하지 못했다.

③ 나는 학교의 모든 곳을 찾아봤지만, 톰을 찾지 못했다.
→ 나는 학교의 모든 곳을 찾아봤지만, 어디에서도 톰을 찾지 못했다.

④ 这种菜可以炒，可以做汤，可以生吃……
→ 这种菜怎么做都可以。

⑤ 牛肉、羊肉、鸡肉……黄勇都爱吃。
→ 黄勇什么肉都爱吃。

⑥ 没有人知道张英去哪儿了。
→ 谁都不知道张英去哪儿了。

⑦ 这种衣服每个商店都有卖的。
→ 这种衣服哪儿都有卖的。

⑧ 这把锁我用了各种办法，可是打不开。
→ 这把锁我怎么都打不开。

④ 이 채소는 볶을 수도 있고, 국을 만들 수도 있고, 생으로 먹을 수도 있다.
→ 이 채소는 어떻게 만들어도 다 된다.

⑤ 소고기, 양고기, 닭고기…… 황용은 모두 좋아한다.
→ 황용은 어떤 고기든 다 좋아한다.

⑥ 장잉이 어디에 갔는지 아는 사람이 없다.
→ 누구도 장잉이 어디에 갔는지 모른다.

⑦ 이런 옷은 모든 상점에서 다 판다.
→ 이런 옷은 어느 곳에서나 다 판다.

⑧ 내가 여러 방법을 다 써 봤지만 이 자물쇠를 열 수 없었다.
→ 나는 어떻게 해도 이 자물쇠를 열 수 없었다.

4

① 安娜特别喜欢跳舞，每次参加舞会一跳就是好几个小时。
② 老董酒量大极了，喝啤酒一喝就是十多瓶。
③ 爷爷是十岁的时候来北京的，在这儿一住就是几十年。
④ 这几年来中国学汉语的外国人一年比一年多。
⑤ 你看这些运动员，一个比一个高。
⑥ 动物园里的大熊猫一个比一个可爱。
⑦ 你到北京以后，万一找不到住的地方，可以先住在我家。
⑧ 这个工作除了老王，小赵也会做，万一老王有事可以找小赵。
⑨ 带上雨衣吧，万一下雨就麻烦了。
⑩ 下星期姐姐结婚，无论如何我都得回去。

① 안나는 춤추는 것을 너무 좋아해서, 매번 댄스파티에 가서 한번 춤을 추기 시작하면 몇 시간이다.
② 라오둥은 주량이 매우 세서, 맥주를 한번 마시면 열 몇 병이다.
③ 할아버지는 10살 때 베이징에 오셨는데, 여기에서 몇 십 년을 사셨다.
④ 요 몇 년 사이 중국어를 배우러 오는 외국인들이 해마다 늘고 있다.
⑤ 이 운동 선수들을 봐. 하나하나 모두 키가 커.
⑥ 동물원의 판다는 하나하나 다 귀엽다.
⑦ 베이징에 온 후에 만일 머물 곳을 찾지 못하겠으면 우선 우리 집에 묵어.
⑧ 이 일은 라오왕을 제외하고 샤오자오도 할 수 있으니, 만일 라오왕에게 일이 생기면 샤오자오를 찾으면 된다.
⑨ 우비를 챙겨. 만일 비가 오면 귀찮아지니까.
⑩ 다음 주에 언니 결혼식이 있어서, 어쨌든 나는 돌아가야 한다.

5

① 事情都有好的方面，也有不好的方面，不能想得太绝对。

① 일에는 좋은 면과 안 좋은 면이 있다. 너무 절대적으로 생각하지 마라.

② 河里的水真清，要是下去游游泳，肯定很舒服。

② 강물이 정말 맑아서, 내려가서 수영하면 분명히 상쾌할 것이다.

③ 昨天夜里下了一场大雨，今天早晨气温下降了不少。

③ 어젯밤에 한바탕 큰 비가 내려서 오늘 새벽 기온이 많이 내려갔다.

④ 回国的日子本来定在下月二十号，可是因为没有买到机票，就改到二十七号了。

④ 귀국 날짜는 원래 다음 달 20일로 정해졌었는데, 비행기표를 사지 못해서 27일로 바뀌었다.

⑤ 你这些衣服都不太好看，算了，我不买了。

⑤ 여기 옷들은 다 별로 안 예쁘네요. 됐어요. 안 살래요.

⑥ 你最近太胖了，得减肥。

⑥ 너 요즘 너무 살쪘어. 다이어트를 해야겠다.

⑦ 既然你已经决定，我就不再说什么了。

⑦ 어차피 네가 이미 결정했으니, 나는 더 이상 아무 말도 하지 않을게.

자유롭게 말하기

1

A 这么好吃的肉你怎么不吃啊？
B 我正在减肥。
A 你一点儿也不胖，减什么肥。
B 其实，你真应该减减肥了，太胖了并不健康。
A 我吃过减肥药，但没什么效果。后来就算了。
B 吃药不行，不如锻炼身体。
A 对，从明天开始，每天早上跑步。
B 还有，别吃太多肉和奶油。
A 这就不太容易了。

A 이렇게 맛있는 고기를 어째서 안 먹어?
B 나 다이어트하고 있어.
A 너 하나도 안 뚱뚱한데 무슨 다이어트야.
B 사실 너 다이어트를 좀 해야 해. 너무 뚱뚱하면 건강하지 못하잖아.
A 나는 다이어트 약을 먹어 봤는데 아무 효과가 없더라고. 그래서 그만뒀지.
B 약을 먹으면 안돼. 운동을 하는 편이 낫지.
A 맞아. 내일부터 매일 아침에 달리기를 해야 되겠다.
B 그리고 고기랑 생크림을 너무 많이 먹으면 안 돼.
A 그건 쉽지 않은데.

11

내공 쌓기

1

A 你想住什么样的房间？	A 당신은 어떤 집에 살고 싶은가요?
B 只要有电视就可以了。/ 只要有空调就可以了。/ 只要可以洗澡就可以了。	B 텔레비전만 있으면 돼요. / 에어컨만 있으면 돼요. / 목욕만 할 수 있으면 돼요.

2

❶ A 你说咱们怎么去？是骑车还是坐车？
　B 骑车吧，又远又累；坐车吧，人又太多。
　A 我看，咱们最好打车去吧。这样不累又不挤。

❶ A 우리 어떻게 갈까? 자전거를 탈까, 버스를 탈까?
　B 자전거를 타자니 너무 멀고 피곤하고, 버스를 타자니 사람이 너무 많고.
　A 그럼 우리 택시를 타고 가자. 이러면 피곤하지도 않고 붐비지도 않잖아.

❷ A 你说我们中午去好还是晚上去好？
　B 中午去吧，太热；晚上去吧，又太累。
　A 我看，我们最好下午去，既不热也不会那么累。

❷ A 우리 정오에 가는 게 좋을까, 저녁에 가는 게 좋을까?
　B 정오에 가자니 너무 덥고, 저녁에 가자니 너무 피곤해.
　A 그럼 우리 오후에 가자. 덥지도 않고 그렇게 피곤하지도 않잖아.

❸ A 周末你打算去香山还是故宫？
　B 去香山吧，爬山太累；去故宫吧，又热。
　A 我看，你最好去颐和园，既不用爬山，那儿有昆明湖，又不热。

❸ A 주말에 샹산에 갈 거야 고궁에 갈 거야?
　B 샹산에 가자니 등산이 너무 힘들고, 고궁에 가자니 너무 덥고.
　A 그럼 이허위안에 가. 등산할 필요도 없고 거기 쿤밍호가 있어서 덥지도 않잖아.

❹ A 晚上咱们去哪儿吃？你想好了吗？
　B 去饭馆儿吧，还得出去；在家吃吧，又太麻烦。
　A 我看，咱们最好点着吃，又好吃又便宜。

❹ A 저녁에 우리 어디 가서 먹을까? 너 생각해 봤어?
　B 식당에 가자니 나가야 하고, 집에서 먹자니 너무 귀찮아.
　A 그럼 우리 시켜서 먹자. 맛도 있고 싸잖아.

❺ A 你说，我剪短头发好看，还是留长头发好看？
　B 剪短了吧，没有女人味儿；留长发吧，管理起来又太麻烦。
　A 我看，最好剪短头发，看起来很时尚(shíshàng, 스타일리시하다)。

❺ A 나 머리를 자르는 게 예쁠까, 기르는 게 예쁠까?
　B 머리를 자르자니 여성미가 없고, 머리를 기르자니 관리하기에 번거롭지.
　A 그럼 머리를 잘라야겠다. 스타일리시해 보이잖아.

모범 답안 **231**

❻ A 同学们让你当班长，你当不当啊？
B 当吧，太麻烦；不当吧，又怕同学们失望。
A 我看，你最好不当吧。今年有非常重要的考试嘛。

❼ A 今年寒假你回不回家？
B 回吧，太麻烦；不回吧，又怕父母担心。
A 我看，你最好回去一次，你父母肯定很想你。

❽ A 这两家公司，你打算去哪家？
B 这家吧，赚得太少；那家吧，工作太累。
A 我看，你最好再想想，不要以后后悔。

❻ A 친구들이 너에게 반장을 하라고 하잖아. 너 할 거야 안 할 거야?
B 하자니 번거롭고, 안 하자니 친구들을 실망시킬 것 같아 걱정이야.
A 그럼 하지마. 올해 매우 중요한 시험이 있잖아.

❼ A 올 겨울방학에 집에 돌아갈 거야?
B 가자니 귀찮고, 안 가자니 부모님이 걱정하실 것 같아.
A 그럼 한번 갔다 와. 부모님이 분명 너를 보고 싶어 하실 거야.

❽ A 이 두 회사 중에 어느 회사에 갈 거야?
B 이 회사를 가자니 버는 돈이 너무 적고, 저 회사를 가자니 일이 너무 힘들고.
A 그럼 더 생각해 봐. 나중에 후회하지 말고.

3
❶ 望月是我们班 A 最 好的学生。
❷ 这个学校有 D 很 多留学生。
❸ 你这儿的价钱 C 够 高的。
❹ 那位模特儿的身材 C 太 苗条了。
❺ 只要是去过杭州的人，都说那儿的风景美 B 极了。
❻ 这辆车 D 够 挤的了，别再上人了。

❶ 모치즈키는 우리 반에서 가장 좋은 학생이다.
❷ 이 학교에는 유학생이 매우 많다.
❸ 이곳은 가격이 매우 비싸네요.
❹ 저 모델은 몸매가 매우 날씬하다.
❺ 항저우에 가 본 사람은 모두 그곳의 풍경이 매우 아름답다고 말한다.
❻ 이 차는 충분히 붐비니 더 이상 사람을 태우지 마세요.

4
❶ 你的房间怎么样？
→ 好是好，但房租太贵了。
❷ 现在的学习累不累？
→ 累是累，但很有意思。
❸ 那家饭馆儿的四川火锅怎么样？
→ 好吃是好吃，不过辣极了。

❶ 당신 방은 어때요?
→ 좋긴 한데, 방세가 너무 비싸요.
❷ 요즘 공부가 힘든가요?
→ 힘들긴 한데, 재미있어요.
❸ 그 식당 쓰촨 훠궈 어때요?
→ 맛있긴 한데, 너무 매워요.

❹ 学汉语难吗?
→ 难是难，但我喜欢学。

❺ 昨天老师讲的故事你听懂了吗? 能不能给我讲讲?
→ 懂是懂，就是讲不出来。

❻ 这双鞋不错，你说呢?
→ 不错是不错，就是太贵了。

❼ 我可以借你的自行车骑一下吗?
→ 可以是可以，但你快点儿回来，我下午要用。

❽ 你想去西藏旅游吗?
→ 想是想，就是没时间去。

❹ 중국어 배우는 것이 어렵나요?
→ 어렵긴 한데, 나는 배우는 게 좋아요.

❺ 어제 선생님이 말씀해 주신 이야기 이해했어요? 나에게 설명해 줄 수 있나요?
→ 이해하긴 했는데, 설명하지는 못하겠어요.

❻ 이 신발 괜찮은 것 같은데, 어때요?
→ 괜찮긴 한데, 너무 비싸요.

❼ 당신 자전거를 좀 빌려 탈 수 있을까요?
→ 되긴 하는데, 빨리 돌아와야 해요. 내가 오후에 타야 하거든요.

❽ 티베트에 여행 가고 싶나요?
→ 가고 싶긴 한데, 갈 시간이 없어요.

5

❶ 苹果、香蕉、西瓜什么的，我都爱吃。
❷ 市场里摆满了水果、蔬菜、牛肉、猪肉什么的。
❸ 考试以前爱珍准备得很认真，因此得了全班第一名。
❹ 这些孩子正在长身体，因此一定要吃好。
❺ 他一说完这句话，马上就后悔了。
❻ 后悔也没用，现在发现他是坏人已经晚了。

❶ 사과, 바나나, 수박 등을 나는 모두 좋아한다.
❷ 시장에 과일, 채소, 소고기, 돼지고기 등이 가득 진열되어 있다.
❸ 시험 전에 아이쩐은 준비를 매우 열심히 했다. 그래서 반에서 1등을 했다.
❹ 이 아이들은 지금 한창 자라고 있다. 그러므로 잘 먹어야 한다.
❺ 그는 이 말을 하고 나서 곧바로 후회했다.
❻ 후회해도 소용없다. 이제서야 그가 나쁜 사람이라는 것을 알아차렸지만 이미 늦었다.

6

❶ 最近很多商场都在打折，东西非常便宜。
❷ 这种料子做裙子很合适。
❸ 吃减肥药影响健康。
❹ 黄勇从来不骗人，你完全可以相信他。
❺ 这个钱包式样真别致。

❶ 요즘 많은 상점에서 모두 세일을 하고 있어서, 물건이 매우 싸다.
❷ 이 옷감은 치마를 만들기에 매우 적합하다.
❸ 다이어트 약을 먹는 것은 건강에 영향을 끼친다.
❹ 황용은 이제껏 남을 속인 적이 없다. 너는 그를 완전히 믿어도 된다.
❺ 이 지갑의 스타일은 매우 독특하다.

⑥ 这条红裙子原价五百八，现价二百四。

⑦ 你放心，下午三点以前一定修好。

⑧ 张英用什么办法减的肥？身材比原来苗条多了。

⑨ 这条裤子的颜色不正，不好看。

⑩ 这个牌子的手机很好用，也比较便宜，真是物美价廉。

⑥ 이 빨간 치마의 원래 가격은 580위안이고, 현재 가격은 240위안이다.

⑦ 안심하세요. 오후 3시 전에는 반드시 고쳐 놓을게요.

⑧ 장잉은 어떤 방법으로 다이어트를 했대? 몸매가 원래보다 훨씬 날씬해졌어.

⑨ 이 바지의 색깔은 선명하지 않아서 안 예쁘다.

⑩ 이 브랜드의 핸드폰은 쓰기 편하고, 가격도 싸다. 정말 물건도 좋고 값도 싸다.

자유롭게 말하기

1

A 您看这套绿衣服，颜色很好看。
B 这颜色年轻人穿合适，我穿不合适。
A 您也不老呀。而且身材苗条，皮肤又白，穿这身衣服最合适了。
B 好看是好看，可是太贵了。
A 又要好看，又要便宜，那可太难了。
B 是呀，现在买衣服，好看的吧，不便宜；便宜的吧，又不好看。
A 您看，原价三百块，现在打五折，才一百五。
B 这也太便宜了，没有毛病吧？
A 这个牌子的衣服质量很好，绝对没问题。
B 好，听你的，我就买一件。

A 이 초록색 옷 좀 보세요. 색깔이 너무 예쁘죠.
B 이 색깔은 젊은 사람들이 입기에 적당하지, 나한테는 안 어울리죠.
A 젊으신데요. 몸매도 날씬하고 피부도 희어서 이런 옷이 정말 잘 어울리세요.
B 예쁘긴 한데 너무 비싸네요.
A 예쁘면서도 저렴하기는 너무 어렵죠.
B 맞아요. 요즘 옷을 살 때 보면, 예쁘면 싸지 않고, 싸면 안 예뻐요.
A 이거 보세요. 원래 가격은 300위안인데, 지금 50% 할인해서 150위안밖에 안 해요.
B 이건 또 너무 싼데, 문제 있는 거 아니죠?
A 이 브랜드 옷은 품질이 아주 좋아요. 절대 문제 없어요.
B 좋아요. 당신 말 듣고 하나 살게요.

12

내공 쌓기

1

① 他们以为我是法国人或美国人，但我是意大利人。
② 她以为外面下雨了，其实我是要去修伞的。
③ 我以为他是明明，但他是豆豆。
④ 我以为他还在美国，但他说自己上个月就回来了。

① 그들은 내가 프랑스인이나 미국인인 줄 알았지만, 나는 이탈리아인이다.
② 그녀는 밖에 비가 오는 줄 알았지만, 사실 나는 우산을 고치러 간 것이다.
③ 나는 그가 밍밍인 줄 알았지만, 그는 도우도우이다.
④ 나는 그가 아직 미국에 있는 줄 알았지만, 그는 지난달에 돌아왔다고 말했다.

2

① 太晚了，可能没有公共汽车了。
→ 太晚了，说不定没有公共汽车了。
② 咱们去别的市场看看吧，可能会买到更便宜的。
→ 咱们去别的市场看看吧，说不定会买到更便宜的。
③ 左拉可能在图书馆。
→ 左拉说不定在图书馆。
④ 我现在不能说他一定会来。
→ 我现在说不定他是不是会来。
⑤ A 明天的会校长能参加吗?
　B 现在不能肯定。
→ 现在说不定。
⑥ A 你看那个人是干什么的。
　B 我看他可能是小偷。
→ 我看他说不定是小偷。

① 너무 늦어서 아마 버스가 없을 것 같다.
→ 너무 늦어서 버스가 없을지도 모르겠다.
② 우리 다른 시장 가서 보자. 아마 더 싼 걸 살 수 있을 거야.
→ 우리 다른 시장 가서 보자. 더 싼 걸 살 수 있을지도 몰라.
③ 졸라는 아마 도서관에 있을 것이다.
→ 졸라는 도서관에 있을지도 모른다.
④ 나는 지금 그가 반드시 왔을 것이라고 말할 수 없다.
→ 나는 지금 그가 왔을지 안 왔을지 단언하기 어렵다.
⑤ A 내일 회의에 교장 선생님이 참석하실 수 있나요?
　B 지금은 확신할 수 없어요.
→ 지금은 단언하기 어려워요.
⑥ A 저 사람 뭐 하는 사람이지?
　B 아마 도둑 같아.
→ 도둑일지도 몰라.

⓻ A 该打扫打扫房间了。
B 对，咱们房间太乱了。
→ 可不，咱们房间太乱了。

⓼ A 要是再不下雨，就要把人热死了。
B 我也这么想。
→ 可不是嘛，我也这么想。

⓻ A 방 청소 좀 해야겠다.
B 맞아. 우리 방 너무 지저분해.
→ 그러게 말이야. 우리 방 너무 지저분해.

⓼ A 만약 계속 비가 안 오면 더워서 죽을 것 같아.
B 나도 그렇게 생각해.
→ 그러게 말이야. 나도 그렇게 생각해.

3

❶ A 你昨天干什么来着？
B 我去长城了。

❷ A 刚才你们干什么了？
B 我们聊天来着。

❸ A 笔呢？刚才还在桌子上来着。
B 是不是夹在书里了？

❹ A 昨天你们去肖强家，那么晚才回来，玩儿什么了？
B 我们一起吃中国菜来着。

❺ A 你是哪个班的来着？
B 我是C班的。

❻ A 打折的"折"怎么写来着？
B 左边一个提手旁，右边一个"斤"字。

❶ A 어제 뭐 했어?
B 만리장성에 갔었어.

❷ A 방금 너희 뭐 했니?
B 우리 수다 떨었어.

❸ A 펜은? 방금까지 책상 위에 있었는데.
B 책 속에 끼워 놓은 거 아냐?

❹ A 어제 너희 샤오치앙 집에 가서 그렇게 늦게 돌아오도록 뭐 하며 놀았어?
B 우리 같이 중국 음식을 먹었어.

❺ A 너는 어느 반에서 왔더라?
B 나는 C반이었어.

❻ A 세일하다의 '折'를 어떻게 쓰더라?
B 왼쪽은 손수변이고, 오른쪽은 '斤'자야.

4

❶ 回忆起来，大家都有很多感想。

❷ 每天花50块钱美容，加起来，可不是小数目。

❸ 说起来，王老师还是我的老师的老师。

❹ 你怎么光吃米饭？这么多菜，别剩下了。

❺ 书包丢了，光着急没用，赶快想办法去找吧。

❶ 돌이켜 보니, 모두들 감상이 매우 많았다.

❷ 매일 미용에 50위안을 썼는데, 더해 보니 적은 액수가 아니다.

❸ 말하자면, 왕 선생님은 내 선생님의 선생님이시다.

❹ 왜 밥만 먹는 거야? 반찬이 이렇게 많으니 남기지 마.

❺ 책가방을 잃어버렸는데, 조급해하기만 하면 소용이 없어. 얼른 방법을 생각해서 찾으러 가자.

❻ 昨天我们喝了很多酒，光白酒就喝了七瓶。
❼ 张英的衣服特别多，光白色的连衣裙就十多件。
❽ 晚饭不用特别准备，有什么吃什么。
❾ 我正在房间看书，突然下起大雨来了。
❿ 刚听说左拉要回国时，安娜突然哭起来了。

❻ 어제 우리는 술을 많이 마셨는데, 바이주만 해도 7병을 마셨다.
❼ 장잉은 옷이 아주 많아서, 흰색 원피스만 해도 열 벌이다.
❽ 저녁 식사는 특별히 준비할 것 없이 있는 걸로 먹자.
❾ 내가 방에서 공부하고 있을 때, 갑자기 큰 비가 내리기 시작했다.
❿ 졸라가 귀국한다는 얘기를 막 들었을 때, 안나가 갑자기 울기 시작했다.

5

❶ 小赵的性格有点儿内向，很少开口说话。
❷ 小赵的爱人爱说爱笑，非常外向。
❸ 对朋友有意见应该当面说出来，不要背后说坏话。
❹ 我不小心弄倒了他的自行车，我给他说了很多好话，他才让我走。
❺ 我们每个人有优点，也有缺点。
❻ 黄勇是个老实人，从来不说假话。
❼ 望月的脾气好极了，从来不生气。
❽ 在我们班，左拉脑子最灵，成绩最好。
❾ 孩子们经常有一些想法让大人们觉得很奇怪。
❿ 张英成绩很好，但她还常常谦虚地说："我需要继续努力。"

❶ 샤오자오의 성격은 조금 내향적이라서, 말수가 적다.
❷ 샤오자오의 부인은 말하기 좋아하고 웃기도 잘 하며, 매우 외향적이다.
❸ 친구에게 불만이 있을 때는 면전에서 이야기해야지, 뒤에서 험담을 해서는 안 된다.
❹ 내가 실수로 그의 자전거를 넘어뜨렸는데, 그에게 달콤한 말을 잔뜩 하고서야 그는 나를 보내줬다.
❺ 우리 모두는 장점도 있고, 단점도 있다.
❻ 황용은 정직한 사람이라서, 여태껏 거짓말을 한 적이 없다.
❼ 모치즈키는 성격이 매우 좋아서, 여태껏 화를 낸 적이 없다.
❽ 우리 반에서 졸라의 머리가 가장 영민하고, 성적도 가장 좋다.
❾ 아이들은 종종 어른들은 이상하다고 느끼는 생각을 하곤 한다.
❿ 장잉은 성적이 좋지만, 항상 '나는 계속 노력해야 해.'라고 겸손하게 말한다.

자유롭게 말하기

1

A 我刚才看见新来的学生望月了。
B 她长什么样?
A 大大的眼睛,高高的个子,黑黑的头发。
B 听起来她长得很漂亮。
A 她一说话就脸红,可能性格比较内向吧?
B 她刚来没几天,等和大家熟悉了可能就不这样了。她学习怎么样?
A 她很聪明,学什么都是一学就会。
B 她人好吗?
A 脾气特别不好,而且不太谦虚。
B 你怎么能背后说人家缺点呢?
A 就是她在这儿,我也会这么说。

A 나 방금 새로 온 학생 모치즈키를 봤어.
B 그녀는 어떻게 생겼어?
A 큰 눈, 큰 키, 검은 머리를 가졌어.
B 듣자니 예쁘게 생긴 것 같네.
A 말을 하면 얼굴이 빨개지던데, 아마 성격이 좀 내향적인가 봐?
B 온 지 얼마 안 되서 그렇겠지. 모두와 친해지고 나면 안 그러겠지. 공부는 어때?
A 똑똑해. 뭘 배우든 한번 배우면 바로 익혀.
B 사람은 좋아?
A 성격이 매우 안 좋고, 겸손하지도 않아.
B 너 어떻게 사람 뒤에서 결점을 말할 수 있어?
A 그녀가 여기 있더라도 나는 이렇게 말했을 거야.

간체자 쓰기

01 알고 지냅시다

聪明 cōngmíng
형 똑똑하다

一丁丆FFE耳耳耳聪聪聪聪
丨冂闩日旷明明明

希望 xīwàng
동 바라다
명 희망

／乂产矛乔希希
丶亠亡切切切明明望望望

翻译 fānyì
동 번역(통역)하다
명 번역가, 통역사

一乀丷立平平来来番番番翻翻翻翻翻
丶讠讠讠泽泽译

派 pài
동 ~를 보내다

丶冫氵氵沪沪沪派派

然后 ránhòu
접 그러고 나서

／勹夕夕夕夕然然然然然然
一厂厂斤后后

02 무엇을 드시겠습니까?

饭菜 fàncài
명 밥과 찬, 식사

丿 ⺈ ⺈ 钅 钅 饣 饭 饭
一 艹 艹 艹 艹 苎 菜 菜 菜 菜

饭 菜

拿手 náshǒu
형 자신 있다

丿 八 人 个 合 合 合 合 拿 拿
一 二 三 手

拿 手

地道 dìdao
형 진짜의, 본고장의

一 十 土 圵 地 地
丷 ⺍ 艹 艹 首 首 首 首 道 道

地 道

风味 fēngwèi
명 (음식의) 특색, 풍미

丿 几 风 风
丨 口 口 叶 咕 咔 味

风 味

流利 liúlì
형 유창하다

丶 丶 氵 氵 氵 浐 浐 浐 流
一 二 千 禾 禾 利 利

流 利

242

舒适 shūshì
형 쾌적하다, 편하다

丿 亻 亽 亽 仐 숙 舍 舍 舒 舒 舒
一 二 千 千 舌 舌 舌 适 适

舒适

热情 rèqíng
형 친절하다

一 扌 扌 打 执 执 执 热 热 热
丶 丷 忄 忄 忄 忄 情 情 情 情 情

热情

周到 zhōudào
형 세심하다

丿 冂 冂 円 用 周 周 周
一 厶 云 至 至 到 到

周到

味道 wèidào
명 맛

丨 口 口 叮 叶 吀 味 味
丶 丷 丷 丷 丷 首 首 首 首 首 首 道 道

味道

确实 quèshí
형 확실하다
부 확실히, 분명히

一 丆 石 石 矿 矿 矿 矿 确 确 确 确
丶 丷 宀 宁 实 实 实 实

确实

03 학교 교정에서

随便 suíbiàn
형 편한 대로

ㄱ ㄅ ㄅ' ㄅ宀 阝育 阝育 阝育 随 随
ノ 亻 广 仁 伊 伊 伊 便 便

随便

转 zhuàn
동 둘러보다, 돌다

一 ㄷ ㄷ 车 车 辂 转 转

转

顺便 shùnbiàn
부 ~하는 김에

ノ 川 川 厂 厂 顺 顺 顺
ノ 亻 广 仁 伊 伊 伊 便 便

顺便

熟悉 shúxī
동 익히 알다

一 亠 广 亠 亨 亨 亨 郭 孰 孰 孰 熟 熟
一 ㄱ 乊 平 釆 釆 悉 悉 悉

熟悉

印象 yìnxiàng
명 인상

ㄱ ㄷ ㅌ 印 印
ノ 勺 夕 包 争 争 争 象 象

印象

安静
ānjìng
[형] 조용하다

丶 丶 宀 宁 安 安
一 二 キ 丰 青 青 青 青 静 静 静 静

安 静

热闹
rènao
[형] 번화하다

一 ナ ナ 扌 执 执 执 热 热
丶 亠 门 门 闩 闩 闹

热 闹

锻炼
duànliàn
[동] 단련하다

丿 乍 仁 钅 钅 钅 钅 钅 钅 钅 锐 锻
丶 丶 ナ 火 灯 灶 炼 炼 炼

锻 炼

简单
jiǎndān
[형] 간단하다

丿 ㅏ ㅏ 竹 竹 竹 竹 竹 简 简 简
丶 丶 丷 兯 肖 肖 单 单

简 单

丰富
fēngfù
[형] 풍부하다, 많다

一 二 三 丰
丶 丶 宀 宁 宁 宁 宫 宫 宫 富 富

丰 富

04 주거 문제

习惯 xíguàn
- 명 습관, 버릇
- 동 습관이 되다

习惯

完全 wánquán
- 부 완전히, 전부

完全

结束 jiéshù
- 동 끝나다, 마치다

结束

精神 jīngshen
- 명 기력, 활력
- 형 활기차다

精神

街 jiē
- 명 길, 거리

街

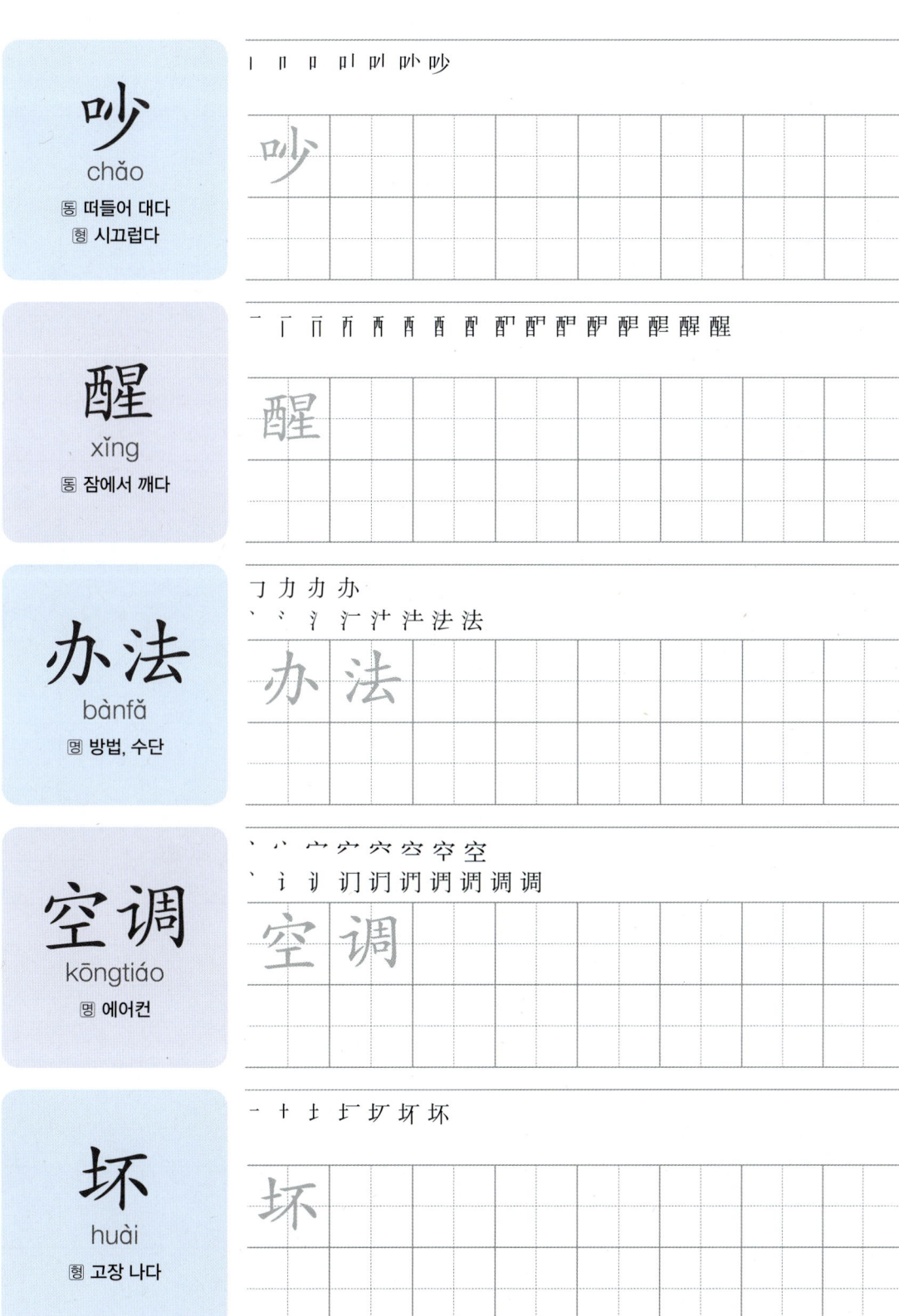

05 어떻게 가는 것이 좋을까요?

挤 jǐ
형 붐비다
동 비집다

一 十 扌 扌 扩 护 挤 挤 挤

主意 zhǔyi
명 의견, 생각

丶 亠 亠 主 主
丶 亠 亠 立 产 产 音 音 音 意 意

地图 dìtú
명 지도

一 十 土 圠 地 地
丨 冂 冂 冈 冈 图 图

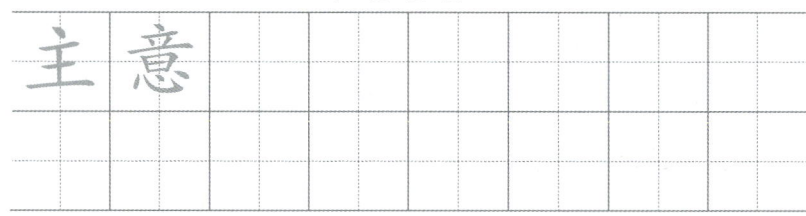

邀请 yāoqǐng
동 초대하다

丶 亻 冂 白 白 皂 身 身 射 敫 敫 邀 邀
丶 讠 讠 汫 请 请 请 请 请

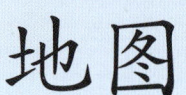

周末 zhōumò
명 주말

丿 冂 月 門 門 周 周 周
一 二 キ 未 末

技术
jìshù
명 기술

一十扌扌扩抄技
一十才木术

通车
tōngchē
동 개통하다

フマア丙甬甬甬涌通通
一ナ丘车

线路
xiànlù
명 노선, 경로

乙丝丝纟纟纟线线线
丨口卩早早足足趵路路路

决定
juédìng
명 결정, 결심
동 결정하다

丶冫冫冫沖决
丶宀宀宁宇定定

做客
zuòkè
동 손님이 되다

丿亻亻什什什估估做做做
丶宀宀宁安客客

05 어떻게 가는 것이 좋을까요?

06 손님이 되다

欢迎 huānyíng
동 환영하다

丁ヌヌ欢欢
′ ′ ⍳ ⍳p ⍳p 迎 迎
欢 迎

礼物 lǐwù
명 선물

′ ⍳ ⍳ 礼
′ ′ ⍳ 牜 牜 牞 物 物
礼 物

品尝 pǐncháng
동 맛을 보다

丨 ⎡ ⎡ 品 品 品 品 品 品
丨 丷 丷 兴 兴 尝 尝 尝
品 尝

添 tiān
동 더하다, 덧붙이다

′ ⍳ ⍳ 氵 氵 沃 沃 添 添 添 添
添

麻烦 máfan
명 골칫거리
형 골치 아프다
동 귀찮게 하다

′ 广 广 广 庁 庁 麻 麻 麻 麻 麻
′ ′ 火 火 灯 灯 灯 烦 烦 烦
麻 烦

07 여행 계획

旅行 lǚxíng
동 여행하다

丶 一 亍 方 方 方' 旅 旅 旅
丿 丿 彳 彳 行 行

计划 jìhuà
명 계획
동 계획하다

丶 讠 计 计
一 七 戈 戈 划 划

商量 shāngliang
동 상의하다

丶 亠 广 冇 内 冏 商 商 商
丨 冂 日 日 旦 昌 昌 量 量 量

景色 jǐngsè
명 경치, 풍경

丨 冂 日 日 早 昌 景 景 景
丿 夕 夕 各 色 色

游览 yóulǎn
동 관람하다

丶 丶 氵 氵 汸 汸 游 游 游 游
丨 ⺊ 览 览 览 览 览 览 览

报名 bàomíng
동 신청하다

一 十 扌 扩 护 捉 报
丿 ク 夕 夕 名 名

报名

组织 zǔzhī
동 조직하다

乙 乡 纟 纠 组 组 组
乙 乡 纟 纠 织 织 织

组织

安排 ānpái
동 안배하다

丶 丶 宀 ⺌ 安 安
一 十 扌 扌 扌 扌 扫 抈 排 排 排

安排

自然 zìrán
명 자연, 천연
형 자연스럽다

丿 亻 门 自 自 自
丿 ク 夕 夕 夕 妖 然 然 然 然 然

自然

风光 fēngguāng
명 풍경, 경치

丿 几 凤 风
丨 丬 光 光 光 光

风光

08 생활 서비스

干洗 gānxǐ
명 드라이클리닝

一二干
丶丶亠氵氵汁洪洪洗

外套 wàitào
명 외투, 코트

丿ク夕外外
一ナ大太本本査套套套

毛病 máobìng
명 고장, 결함

一二三毛
丶亠广广疒疒疒病病病

服务 fúwù
동 서비스하다

丿几月月月肝服服
丿ク夂冬务

行业 hángyè
명 업종, 분야

丿ㄔ彳行行行
丨ㅐ业业业

09 베이징의 시장

电器 diànqì
명 가전제품

丨 冂 冂 日 电
丨 口 口 吅 吅 哭 哭 哭 哭 器 器 器 器

商城 shāngchéng
명 대형 상가, 쇼핑 타운

逛 guàng
동 구경하다, 쇼핑하다

丶 彡 彡 犭 犭 狂 狂 逛 逛

讲价 jiǎngjià
동 값을 흥정하다

丶 讠 讠 计 讲 讲
丿 亻 个 价 价 价

价格 jiàgé
명 가격, 값

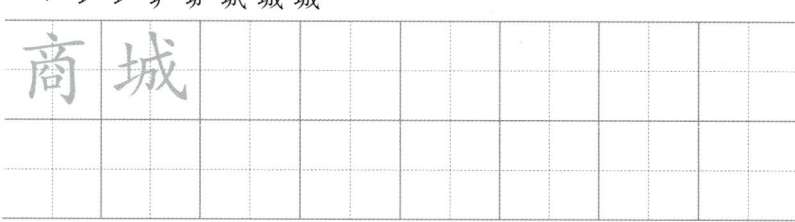

网店
wǎngdiàn
명 인터넷 쇼핑몰

丨 冂 冂 冈 网 网
丶 广 广 庐 庐 店 店

网 店

批发
pīfā
동 도매하다

一 十 扌 扌 批 批 批
一 步 发 发 发

批 发

受骗
shòupiàn
동 사기를 당하다

受 骗

付款
fùkuǎn
돈을 지불하다

丿 亻 仁 付 付

付 款

快递
kuàidì
명 특급 우편, 택배
동 배달하다

快 递

10 건강을 위하여

减肥 jiǎnféi
동 다이어트하다

丶冫冫冫冫沪沪减减减
丿月月月刖刖肥

没用 méiyòng
동 소용이 없다

丶冫冫冫沪沪没
丿月月月用

广告 guǎnggào
명 광고, 선전

丶亠广
丿ᄂ牛告告告告

电梯 diàntī
명 엘리베이터

一口日日电
一十才オ术术杪杪档梯梯

爬 pá
동 기다, 오르다

丿厂爪爪爬爬爬爬

楼梯
lóutī
명 계단, 층계

一十十十十杉杉林林样样楼楼
一十十十十杉杉杉档梯梯

迷
mí
동 빠지다, 매혹되다

丶丷亠半米米米迷迷

游戏
yóuxì
명 놀이, 게임

丶丶氵氵泸泸泸游游游游
フヌヌ戏戏戏

下降
xiàjiàng
동 떨어지다

一丁下
阝阝阝阝阝降降降降

视力
shìlì
명 시력

丶ㄱ 礻礻礻初视视
丁力

10 건강을 위하여 259

11 물건 사기

包装 bāozhuāng
명 포장, 장식

丿 勹 勺 勺 包
丶 丷 圵 壮 壯 쓪 装 装 装

够 gòu
부 무척, 충분히

丿 勹 勺 勺 句 句 句 够 够 够 够

特点 tèdiǎn
명 특징, 특색

丿 亠 牜 牜 牜 牪 特 特 特
丨 卜 占 占 点 点 点 点

提神 tíshén
동 정신을 차리다

一 十 扌 扫 护 押 押 押 捍 提
丶 ㇇ 礻 礻 礻 衤 衤 神

影响 yǐngxiǎng
동 영향을 끼치다

丨 冂 冃 日 旦 早 몬 景 景 景 影 影 影
丨 冂 冂 叩 响 响 响

打折 dǎzhé
동 할인하다

一 十 扌 扌 打
一 十 扌 扌 折 折

别致 biézhì
형 특이하다

丨 口 口 另 别 别
一 工 조 조 至 至 致 致

后悔 hòuhuǐ
동 후회하다

一 厂 厂 斤 后 后
丶 丶 忄 忄 忏 忏 悔 悔 悔 悔

放心 fàngxīn
동 마음을 놓다

丶 亠 方 方 방 放 放
丶 心 心 心

款式 kuǎnshì
명 스타일, 디자인

一 十 士 丰 圭 寺 寺 寺 款 款 款 款
一 二 子 王 式 式

12 친구에 대해 이야기하다

以为 yǐwéi
동 생각하다

丨 レ 以 以
丶 ソ 为 为

消息 xiāoxi
명 소식, 뉴스

丶 氵 氵 氵 消 消 消
丿 冂 白 自 自 息 息 息

老实 lǎoshi
형 성실하다

一 十 土 耂 考 老
丶 宀 宀 宀 实 实

内向 nèixiàng
형 내향적이다

丨 冂 内 内
丿 冂 向 向 向

缺点 quēdiǎn
명 결점, 단점

丿 ㄅ ㄅ 午 缶 缶 缶 缶 缺 缺
丨 卜 占 占 点 点 点 点

当面 dāngmiàn
부 대놓고, 면전에서

丨 丷 ヨ 当 当
一 ア ㄏ 丙 而 而 而 面 面

优点 yōudiǎn
명 장점, 우수한 점

丿 亻 仁 什 优 优
丨 ト 占 占 点 点 点 点 点

谦虚 qiānxū
형 겸손하다

丶 讠 讠 讠 讠 讲 详 详 谦 谦 谦
一 ト ㄏ 卢 卢 虍 虍 虚 虚 虚

性格 xìnggé
명 성격, 성정

丶 丷 忄 忄 忄 忄 性 性
一 十 ナ 木 ホ 松 松 柊 格 格

外向 wàixiàng
형 외향적이다

丿 ク 夕 外 外
丿 亻 冂 冋 向 向

다락원 홈페이지에서 MP3 파일
다운로드 및 실시간 재생 서비스

최신개정 신공략 중국어 ④

지은이 马箭飞(主编)
　　　　李德钧·成文(编著)
옮긴이 변형우, 주성일, 여승환, 배은한
펴낸이 정규도
펴낸곳 (주)다락원

제1판 1쇄 발행 2001년 2월 19일
제2판 1쇄 발행 2007년 1월 15일
제3판 1쇄 발행 2019년 1월 7일
제3판 5쇄 발행 2025년 1월 27일

기획·편집 오혜령, 이원정, 이상윤
디자인 박나래, 최영란
일러스트 박지혜, 성자연
녹음 曹红梅, 朴龙君, 于海峰, 祁明明, 허강원

다락원 경기도 파주시 문발로 211
전화 (02)736-2031(내선 250~252/내선 430~437)
팩스 (02)732-2037
출판등록 1977년 9월 16일 제406-2008-000007호

Copyright © 2015, 北京大学出版社
원제: 《汉语口语速成》_基础篇·上册(第三版)
The Chinese edition is originally published by Peking University Press. This translation is published by arrangement with Peking University Press, Beijing, China. All rights reserved. No reproduction and distribution without permission.

한국 내 Copyright © 2019, (주)다락원
이 책의 한국 내 저작권은 北京大学出版社와의 독점 계약으로 ㈜다락원이 소유합니다.

저자 및 출판사의 허락 없이 이 책의 일부 또는 전부를 무단 복제·전재·발췌할 수 없습니다. 구입 후 철회는 회사 내규에 부합하는 경우에 가능하므로 구입처에 문의하시기 바랍니다. 분실·파손 등에 따른 소비자 피해에 대해서는 공정거래위원회에서 고시한 소비자 분쟁 해결 기준에 따라 보상 가능합니다. 잘못된 책은 바꿔 드립니다.

ISBN 978-89-277-2250-2 18720
　　　978-89-277-2241-0 (set)

www.darakwon.co.kr
다락원 홈페이지를 방문하시면 상세한 출판 정보와 함께 동영상 강좌, MP3 자료 등 다양한 어학 정보를 얻으실 수 있습니다.